Oldenbourg Interpretation
Band 25

Oldenbourg Interpretationen
Herausgegeben von
Klaus-Michael Bogdal und Clemens Kammler

begründet von
Rupert Hirschenauer (†) und Albrecht Weber

Band 25

Thomas Mann

Bekenntnisse des Hochstaplers Felix Krull

Interpretation von Werner Frizen

Oldenbourg

Die arabischen Seitenzahlen in Klammern beziehen sich auf die folgende Taschenbuchausgabe: Thomas Mann, Bekenntnisse des Hochstaplers Felix Krull, Frankfurt a. M., Fischer 1989 u. ö. (FTB 9429).
Seitenangaben nach römischen Zahlen (z. B. VI, 546) beziehen sich auf: Gesammelte Werke in dreizehn Bänden, Frankfurt a. M. 1974.

Zitate sind halbfett gekennzeichnet.

Bibliografische Information der Deutschen Nationalbibliothek:
Die Deutsche Nationalbibliothek verzeichnet diese Publikation in der Deutschen Nationalbibliografie; detaillierte bibliografische Daten sind im Internet über <http://dnb.ddb.de> abrufbar.

Das Papier ist aus chlorfrei gebleichtem Zellstoff hergestellt, ist säurefrei und recyclingfähig.

Bei den Zitaten, Literaturangaben und Materialien im Anhang ist die neue Rechtschreibung noch nicht berücksichtigt.

3., überarbeitete Auflage 1999
Druck 11 10 09 08 07
Die letzte Zahl bezeichnet das Jahr des Drucks.

Umschlagkonzept: Mendell & Oberer, München
Umschlag: Stefanie Bruttel
Umschlagbild: © IFA-Bilderteam, Ottobrunn/München; Fotografin: Birgit Koch
Typografisches Gesamtkonzept: Gorbach GmbH, Buchendorf
Lektorat: Ruth Bornefeld, Petra Klüners
Herstellung: Lutz Siebert-Wendt
Satz: jürgen ullrich typosatz, Nördlingen
Druck und Bindung: Appl Druck, Wemding

ISBN: 978-3-486-**01425**-9
ISBN: 978-3-637-**01425**-1 (ab 1.1.2009)

Inhalt

1 Die Entstehungsgeschichte des Romans

1.1 Pläne und erste Arbeitsphase

Am Anfang war alles ganz anders geplant. Dass der Roman ein ›Lebenswerk‹ werden würde wie Goethes *Faust*, stand nicht zu erwarten. Als die *Bekenntnisse des Hochstaplers Felix Krull* 1954 in ihrer heutigen Form erschienen, war nahezu ein halbes Jahrhundert seit dem ersten Einfall verstrichen, eine Zeit, in der das Werk geplant, zurückgestellt, begonnen, abgebrochen, fragmentarisch veröffentlicht, ein anderes Mal erweitert veröffentlicht, neu konzipiert, wieder unterbrochen, schließlich auf den letzten Stand gebracht wurde und immer noch Fragment geblieben ist.

Am Anfang wollte Thomas Mann nur eines seiner alten Themen in neue Form bringen: das von der Existenzweise des Künstlers und der Kunst in der ›Moderne‹, der Zeit um die Jahrhundertwende. Denn das zeitgenössische Problem des Künstlers, seinen Ort in einer militaristisch-imperialistisch und sozialdarwinistisch geprägten Gesellschaft zu finden, war sein ureigenes und zentrales, weil es das Problem seiner Identitätsfindung war. Die Erfahrung eines wirklichkeitsreinen Träumers, vom ›Leben‹, von der Gesellschaft isoliert zu sein und in einer als feindlich erkannten Wirklichkeit die Orientierung zu verlieren, hat er selbst in einer kaufmännisch-bürgerlich geprägten Welt des Lebens- und Erfolgskampfes durchlitten, folgerichtig auf die Vereinsamung mit einer Stilisierung des eigenen, anders gearteten, also besonderen Ichs geantwortet und zu einem überindividuellen Problem der Kunst verallgemeinert, wie es ihm durch die Literatur vor allem der zweiten Jahrhunderthälfte vielfach bestätigt wurde. Bei Nietzsche hat er gelernt die alltäglichen Erfahrungen des einsamen Ichs, die Konventionen, Wertschätzungen und Normen der bürgerlichen Gesellschaft durchschauen zu müssen. Da er in ihr keine ich-stabilisierenden Handlungsmuster entdecken konnte, nutzte er sein eminentes psychologisches Talent zur grotesk-satirischen Entlarvung der Gesellschaft und der eigenen Künstlerseele. Dies Thema war das Thema seiner Zeit, des Fin de Siècle, gewesen; Philosophie, Psychologie und Medizin analysierten den gesellschaftsflüchtigen Künstler, betrachteten ihn als pathologischen Fall, fanden die romantische Theorie bestätigt, dass Genie und Irrsinn nahe beieinander wohnen, listeten die Serie der Morphinisten, Opiumraucher, Alkoholiker, Schizophrenen, Paralytiker, sexuell Paranormalen mit lustvoller Neugier auf und schufen so erst recht den Mythos vom abwegigen, schließlich ›abartigen‹ Künstler.

Bis zum Zeitpunkt der ersten *Krull*-Konzeption hatte Thomas Mann dieses sein persönliches Problem schon in allen Variationen durchgespielt: In seinen frühen Künstlernovellen war der Künstler einmal ein stümpernder Dilettant ohne Kraft zum originären Werkentwurf, das andere Mal ein genießender, erotisierter Krüppel oder ein weltflüchtiger, in den Wogen der Musik ertrinkender Heiliger, ein alkoholisierter Abenteurer oder ein schwadronierender Clown, ein ätzend-ironischer Dandy oder ein Meister der Haltung, der Form und der Repräsentanz; immer aber war er eine Randerscheinung der bürgerlichen Gesellschaft, ein Außenseiter, der verachtend wie sehnsuchtsvoll zur Gewöhnlichkeit der Normalen hinüberschielte. Schließlich hatte schon *Tonio Kröger* das Thema so variiert, dass der Künstler in der Maske des Kriminellen und Hochstaplers erschien:

> **Ich kenne einen Bankier, einen ergrauten Geschäftsmann, der die Gabe besitzt, Novellen zu schreiben. […] Trotz – ich sage ›trotz‹ – dieser sublimen Veranlagung ist dieser Mann nicht völlig unbescholten; er hat im Gegenteil bereits eine schwere Freiheitsstrafe zu verbüßen gehabt, und zwar aus triftigen Gründen. Ja, es geschah ganz eigentlich erst in der Strafanstalt, daß er seiner Begabung inne wurde, und seine Sträflingserfahrungen bilden das Grundmotiv in allen seinen Produktionen. Man könnte daraus, mit einiger Keckheit, folgern, daß es nötig sei, in irgendeiner Art von Strafanstalt zu Hause zu sein, um zum Dichter zu werden.** (VIII, 298)

Demselben Tonio Kröger, der so Gericht über seine Existenz hält, widerfährt es darauf, in seine Vaterstadt Lübeck zurückgekehrt, mit einem **Hochstapler von unbestimmter Zuständigkeit** (VIII, 317) verwechselt und beinahe arretiert zu werden.[1] Mit *Tonio Kröger* war also über den Künstler alles gesagt. Thomas Mann hatte seine leidvolle Erfahrung, als Großbürger in die Kunst verschlagen worden zu sein, bis zum eigenen Überdruss in immer neuen Formen und Masken öffentlich gemacht.

Die neue Form, in der der Künstler jetzt, 1905, noch einmal auferstehen durfte, konnte nur die der Parodie sein, um dem leidigen Künstlerleiden einen neuen Reiz abzugewinnen. Die Uridee des *Krull* von der hochstaplerisch-kriminellen Natur des Künstlers, die in *Tonio Kröger* aufgeschienen war, reaktiviert ein Lektüreerlebnis: Thomas Mann liest die Hochstaplermemoiren von Georges Manolescu (*Ein Fürst der Diebe* und *Gescheitert*, deutsch 1905), ein Bekenntniswerk, in dem die damals herrschende Geisteshaltung ganz enthalten ist. Die Zeit war reif für Hochstapler. In der Presse häuften sich Meldungen über Betrüger, Falschmünzer und Verkleidungskünstler, die sich vom großen Kuchen des Wirtschaftsbooms unter Wilhelm II. ein Stück abschneiden wollten. Der allerhöchste Hochstapler war der schwadronierende, inkompetente, sich alle Kompetenzen anmaßende Kaiser selbst. Nicht erst der Schuster Wilhelm Voigt zeigte mit seiner Köpenickiade, wie sich diese Gesellschaft mit ihren eigenen Mitteln, denen des schönen Seins, betrügen ließ. Nicht minder berühmt war seinerzeit dieser Georges Manolescu oder Fürst Lahovary oder Prinz von Padua oder Marchese da Passano oder Herzog von Otranto, der ganz Europa mit seinen Hoteldiebstählen, Spielertricks, Heiratsschwindeleien und Hochstapeleien unsicher machte. Die Lektüre seiner Memoiren muss für Thomas Mann eines der berühmten Aha-Erlebnisse gewesen sein, in denen er Eigenes im Fremden wiedererkannte. Im Aha-Erlebnis liest er in die Hochstaplergeschichte seine Künstlergeschichte hinein: Manolescu, das war der kriminelle Schriftsteller-Bankier aus *Tonio Kröger*, nur nicht ins Tragische, sondern ins Komisch-Parodistische gewendet: **Es handelte sich natürlich um eine neue Wendung des Kunst- und Künstlermotivs, um die Psychologie der unwirklich-illusionären Existenzform.**[2] Hat Thomas Mann im Künstler die zweifelhafte Tiefenschicht des Betrügers entdeckt, so demonstriert Manolescu umgekehrt, dass der Betrüger den Betrug zur Kunst entwickeln muss um die Gesellschaft narren zu können. Rollenspieler und Wirkungskünstler sind beide. Die zeitgenössische Presse tat ein Übriges, dem Fall Dimensionen anzudichten, die Thomas Manns Interesse wecken mussten: Sie nannte das Werk

> **›ein Dokument zur Geschichte des Menschentums, das an Großzügigkeit und kulturhistorischer Bedeutung Casanovas Memoiren mindestens nahe kommt‹, – [die Beichte] ›eines Genies, deren ethischen Wert man erkennt, wenn man hinter den Geschehnissen das eherne Gesetz der Kausalität zu erblicken versteht‹, – ›eine Fundgrube für Staatsanwälte, Verteidiger, Richter, Ärzte, Psychiater und Philosophen‹ – ›so eigenartig und spannend, daß man eine Fortsetzung gern in Aussicht hätte‹, – ein Buch, ›mit dem verglichen der Gil Blas von Le Sage, der berühmteste aller Schelmenromane, eine Stümperei ist‹.**[3]

Unbeabsichtigt gerieten die Memoiren zugleich zum Schelmenroman, zur Pathologie eines Schauspielergenies, Psychologie eines Kriminellen und Kritik einer auf den Schein gestellten gesellschaftlichen Welt. Das waren die Elemente, in denen Thomas Mann seine Intentionen erkannte und wiedererkannte. Seine ersten Entwürfe zum Roman orientieren sich weitgehend am Handlungsablauf der Memoiren, nehmen sich die episodischen Sittengemälde zum Vorbild und schlachten die Szenarien der schönen Welt wie eine Requisitenkammer aus. Und nicht zuletzt kommt diesem unstrukturierten, erzähltechnisch kindlichen und unironischen Machwerk das Verdienst zu, zum Muster einer stilistischen Hochstapelei gedient zu haben. Wie Krull setzt Manolescu seine Scharlatanerie schriftstellerisch fort[4], indem er dummdreist wie je nicht nur die Tatsachen seines Lebens verstellt, sondern auch ein höchstes, wenn auch antiquiertes Stilniveau anzielt, von dem er immer wieder plump herunterpurzelt und ungewollt Komik erzeugt. Noch in der Lektüre dieser von Selbstmitleid triefenden, selbstgerecht-kleinbürgerlichen Verzerrung muss THOMAS MANN etwas von einem Spiegelbild des eigenen Selbst erblickt haben. Die Absicht, in Krull den Bruder Heinrich zu karikieren, verschiebt sich sehr bald ins Versteckt-Autobiografische. Die Bekenntnisse des Hochstaplers geraten deshalb immer mehr zu einer Auseinandersetzung mit der eigenen Schauspielernatur, zu einer **aufwühlenden Sache.**[5]

Bald nach der ersten Fühlungnahme lässt THOMAS MANN deshalb das Konzept liegen. Die Jahre um 1905 sind Jahre einer Schaffenskrise und einer Suche nach neuen Orientierungen. Die Nabelschau des problematischen Künstler-Ichs fortzusetzen verbot sich nicht nur, weil dem Thema die Erschöpfung drohte. THOMAS MANN hatte zwischenzeitlich **›geruht‹**, **›sich eine Verfassung zu geben‹**[6]: Lebensgeschichtlich-äußerlich war er durch die Heirat mit der Tochter des begüterten Münchner Mathematikprofessors Pringsheim wieder in die Sphäre des Großbürgertums eingetaucht. Die gesellschaftlichen Zwänge setzen der Freiheit des Bohemien ein Ende; Rücksichten müssen fortan auch in Veröffentlichungen gewahrt werden. Von dieser Entwicklung der Biografie geradezu selbst überrumpelt, macht **Klumpe-Dumpe,** der leidvolle Sonderling, der die Treppe hinunterfällt, die Erfahrung des Glücks und erhält eine Prinzessin zur Frau.[7] Der Beglückte nimmt sich und sein Glück gleich in die Pflicht: Biografisch bedeutet das von nun an einen lebenslänglichen Kampf mit der homosexuellen Veranlagung, die Absage an die ›laxe‹, ›bindungslose‹ Form mannmännlicher Erotik, gesellschaftlich die Einbindung in die herrschende Norm, werkgeschichtlich eine Suche nach Orientierungsmustern des Künstlertums, in denen vielleicht eine friedliche Koexistenz mit dem Bürgertum verwirklicht sei. Die neue Lebenssituation versteht THOMAS MANN als Mahnung zu neuer Leistung, die er eine **Art von Moral** nennt: **Trachte ich nach dem Glück? Ich trachte nach dem Leben; und *damit* wahrscheinlich ›nach meinem Werke‹.**[8] Schließlich schaut auch die literarische Öffentlichkeit mit anderen Augen auf THOMAS MANN als ehedem: Der überwältigende Erfolg der *BUDDENBROOKS* hat ihm jetzt einen Platz auf dem deutschen Parnass zugewiesen und er selbst zieht Vergleiche zum Jünglingserfolg GOETHES, zum *WERTHER*. Halbheiten oder gar Misserfolge konnte THOMAS MANN sich nicht erlauben. In seinen Briefen zunächst spekuliert er immer mehr auf den Begriff der ›Repräsentanz‹, den Gedanken, dass der Künstler stellvertretend und als Sprachrohr seiner Zeit gültige Wahrheiten zu verkünden hat: **Man führt, möchte ich sagen, ein symbolisches, ein repräsentatives Dasein, ähnlich einem Fürsten [...].**[9] Der Dreißigjährige, der jetzt unter der Angst leidet, nicht mehr schöpferisch zu sein, zu veralten und seiner Zeit nicht Genüge zu tun, sucht einen Ausweg aus der Sackgasse der Selbstbespiegelung. Ein zweites Künstlerbild tritt nun entschiedener in Konkurrenz zum ersten vom krankhaften Außenseiter: das alte, romantische vom zwar kranken, aber zur höchsten Schau der Wahrheit, der Ideen begabten Vermittler einer allgemein gültigen Welt- und Lebensdeutung. Der Künstler soll etwas aussagen, was nicht um sein eigenes trauriges Ich kreist, sondern überindividuelle Bedeutung hat wie der Fürst, der – gemäß THOMAS MANNS damaligem Verständnis von Monarchie – die Gesellschaft in sich verkörpert. Diesem Gedanken verbindet sich eng ein bezeichnender Nebengedanke: Verkörpern Fürst und Künstler etwas Allgemeines, Typisches, ist auch beider Wirkung auf die gesamte Gesellschaft bezogen. Dem randständigen Künstler von ehedem winkt der Ruhm, der auch auf Quantität beruht: **Die Künstler, denen es nur um Coenakel-Wirkung zu thun ist, war ich stets geneigt, gering zu schätzen. Eine solche Wirkung würde mich nicht befriedigen. *Mich verlangt auch nach den Dummen.***[10] Projekte dezidiert gesellschaftskritischer Art (wie der Gesellschaftsroman *MAJA*) haben jetzt keine Chance mehr, weil die **Bürde *irgend eines* modernen Romanes** keine ***Würde*** besitzt.[11] Der Blick richtet sich auf **Größe**[12], auf überzeitliche Geltung und Ruhm: Die Klassik, GOETHE vor allem, beginnt, ausdrücklich seit dem »Nachwort« von 1905 (vgl. XI, 546–549)[13], über die alten Hausgötter THOMAS MANNS die Herrschaft anzutreten.

Der Zusammenfall von erster *KRULL*-Idee, Werkkrise und literarischer Neuorientierung hat Folgen: THOMAS MANN stellt den Hochstaplerstoff zunächst zugunsten von *KÖNIGLICHE HOHEIT* zurück. Nach dem Stand der Dinge wäre die Geschichte vom Betrüger-Künstler danach angetan gewesen, die alten Wunden der früheren Künstlertragödien wieder aufzureißen. Die Zeit war noch nicht reif, den Artisten und die Problematik seiner Existenz rein spielerisch zu behandeln. Es galt, sich zunächst des Glücks, der Konsolidierung der Existenz durch Heirat und neu gewonnene Bürgerlichkeit zu versichern. Eine Königliche Hoheit, die nichts gelernt hat als zu repräsentieren und auf der Menschheit Höhen zu wandeln, schließt ihren Pakt mit der Wirklichkeit, indem sie eine milliardenschwere Dollarprinzessin heiratet und das bankrotte Duodezfürstentum saniert. Das einsame Ich und das Kapital versöhnen sich in einem Erlösungsmärchen von Operettenqualität, in dem das **Operettenregiment** (Holstein) Wilhelms II. sich spiegelt. Die **Erlösung der Hoheit durch die Liebe** (XI, 580) führt der Zufall herbei, als dessen Ergebnis THOMAS MANN auch sein Eheglück verstand. Die harsche Kritik macht ihn darauf aufmerksam, dass er sich einen literarischen **Faschingsspaß**[14] erlaubt hat, dessen innere Problematik noch gar nicht aufgearbeitet war.

Gleichwohl hatte die Zwischenzeit eine Distanz gezeitigt, aus der heraus der *Krull*-Stoff nicht im Licht der existenziellen Künstlerleiden, sondern des neuen Künstlerglücks erscheint. Es kam darauf an, in Krull das Motiv vom dekadenten Künstler mit dem Glücksmotiv zu versöhnen. Das setzte voraus, zum Vorbild aller seiner dekadenten Künstlerfiguren, Richard Wagner, entschiedener Distanz zu gewinnen. Wie es sich für einen Literaten des Fin de Siècle gehörte, war der frühe Thomas Mann von der musikalisch-erotischen Weltkonzeption Wagners in Bann geschlagen. So gut er auch die wagnerkritischen Schriften Nietzsches kannte, so wenig ließ er sich doch durch deren bis zum Zynismus getriebene Entlarvungspsychologie aus dem Zauberberg seiner Wagner-Träume, die alle von Liebe, Krankheit und Tod fantasierten, erlösen.[15]

In seinen Notizen zu einem nicht vollendeten Essay über *Geist und Kunst* (ab 1909), einer radikalen literarischen Selbstanalyse, spitzt Thomas Mann die Revision seiner künstlerischen Grundlagen so auf die Alternative ›Goethe oder Wagner?‹ zu, dass von einer Wagner-**Krise**[16] gesprochen werden kann. Die Emanzipation vom übermächtigen Vorbild geschieht, indem sich Thomas Mann ganz auf die Perspektive Nietzsches, seinen Ton und sein Wertesystem einlässt. Nun ist Wagner der Prototyp der Dekadenz, der Inbegriff alles dessen, was Thomas Manns Frühwerk gezeigt hatte: kein Künstler, der aus der Fülle seiner lebensmächtigen inneren Möglichkeiten schöpft, sondern ein Schauspieler, der Substanz nur vortäuscht; sein Werk reine Theatralik, Mimikrykunst, aus dem infantil-äffischen Trieb zur Nachahmung geboren; und sein Publikum eine dumpfsinnige, metaphysisch bedürftige, unaufgeklärte, erlösungssüchtige Ansammlung lebensunfähiger Neurotiker, die sich vom Zauber Wagners willenlos in den Hörselberg eines Musikrausches entführen lassen.[17] Fast jedes der von Nietzsche über Wagner gesprochenen Worte passt auf Felix Krull. Würde, das stand fest, konnte im Verein mit Wagner nicht gewonnen werden. Für Würde bürgte allein Goethe, der Lebenskünstler und Künstlerbürger, den auch Nietzsche als Gegenfigur zu Wagner aufgebaut hatte, als Menschen der Synthese von Leben und Kunst, ja als Prototypen seines Übermenschen.[18] Erst nachdem diese Alternative herauskristallisiert war[19], eine Alternative, die über die Literatur der Dekadenz das Urteil sprach und das Ziel einer neuen Synthese von Kunst und Leben anstrebte, konnte die Manege für Krulls Clownerien freigegeben werden. Der erste briefliche Hinweis, der auf eine erneute Beschäftigung mit dem *Krull*-Plan hindeutet, spricht mit klarem Selbstbewusstsein von einer neuen **Periode**[20] des Schaffens.

Goethe-Nachfolge und Ichdarstellung verband die autobiografische Form. *Dichtung und Wahrheit* diente in erster Linie als Gattungs- und

Stilvorbild, auch wenn THOMAS MANN Augustinus' und Rousseaus Bekenntnisse, Moritz', Jung-Stillings, Tolstois und Dostojewskis Lebensbeschreibungen las und berücksichtigte. Selbsterforschung und GOETHE-Nachfolge sind ja die beiden Seiten einer Medaille. Rousseau war zu schamlos[21], zu vulgär und selbstmitleidig-larmoyant, Augustinus' reuiges Ich zu sehr mit der christlichen Vergewaltigung seines ›sündigen‹ Vorlebens beschäftigt, um sich in dieser Gattungsreihe besonders anzubieten. Der durch HEINE und NIETZSCHE geschulte Entlarvungsblick hatte längst erkannt, dass sich hinter dieser Selbstverurteilung gesteigerte Ich-Liebe verbirgt und die Beteuerungen nichts als die Wahrheit zu bekennen, ins Reich des schönen Scheins gehörten. Die autobiografische Form, das erkennt THOMAS MANN schon in den frühesten Notizen zum Roman, tendiert nach dem Gesetz der Gattung verkappt zum Hochstaplerisch-Angeberischen: **Wenn dieser Mensch die Wahrheit mehr liebt als sich selbst, so will ich ein Dummkopf sein. Er ist *kein* Wahrheitsfanatiker** [...] **Er liebt die Wahrheit nicht um ihrer selbst willen; er liebt sie, wie Napoleon die Macht liebte: ›en artiste‹.**[22] GOETHE muss das direkte Vorbild sein, weil er aus dem hochstaplerischen Umgang des Autobiografen mit der Wahrheit keinen Hehl mehr und sein Ich unverblümt zum Mythos machte. Selbsterforschung bis zur Selbstquälerei und Selbstzerfleischung, wie sie Augustinus, Rousseau oder die pietistischen Autobiografien betrieben hatten, hatte der junge THOMAS MANN lange genug geübt. Jetzt löste das **Selbstbildnerische** das Selbsthenkertum ab.[23] Das Selbst im autobiografischen Rückblick zu ›bilden‹ bedeutete, die Fiktion als Bestandteil des Bekennens zu legitimieren. Das setzt voraus, dass das Ich von sich selbst einen anderen Begriff hat als das desorientierte, von Welt- und Erkenntnisekel geschüttelte von ehedem: **Liebe zu sich selbst** [...] **ist auch der Anfang aller Autobiographie.** Das Gefühl für **angeborene**[n] **Verdienste** erfüllt das Ich mit dem Bewusstsein aristokratischer Bevorzugung. Wenn das Ich aber GOETHE'sche Dimensionen hat, dann darf es – wie GOETHE – von sich behaupten, auch **objektiv ins Interessante und Bedeutende** erhoben zu sein.[24] So direkt durfte das alles natürlich nicht ausgesprochen werden und so dient Krulls parodistische Arroganz als Medium und Maske der eigenen Selbstliebe.

Anfang 1910 kann nach diesen inneren Prozessen die erste Arbeitsperiode am Roman beginnen. Kleinere ›Einschaltungen‹ unterbrechen die Arbeit: ein Aufsatz über Fontane, eine Novelle, eine Chamisso-Studie und schließlich, im Spätsommer 1911, *DER TOD IN VENEDIG*. Lange ruhen die Papiere (das heutige erste Buch) **unter Verschluß**, ganz so wie es auch Krull von seiner **Unternehmung** berichtet (63). **Wohl ein Jahr lang** dauert es, bis das Manuskript wieder aufgegriffen und bis zu Krulls nächtlicher Begegnung mit Rozsa (II, 6) vorangetrieben wird – als sich im Juni 1913 die Erlebnisse im Sanatorium von Davos und das als Gegenstück zum *Tod in Venedig* geplante »Satyrspiel« in den Vordergrund drängen, das sich zum *Zauberberg* auswachsen wird. Der Weltkrieg läutet das Ende der **Equipagenzeit**[25] ein, die das Personal des *Krull* bevölkert, und es schien, als habe die Zeit die Künstlerparodie überholt.[26] Vor allem aber gab es innere Gründe, das **Ding**[27] vorerst nicht mehr anzurühren. Die Aufgabe des *Krull*-Fragments, im Anschluss an Goethe eine Selbstrevision der eigenen künstlerischen Grundlagen zu unternehmen, hatte *Der Tod in Venedig* absorbiert. Für einen, dessen **ganzes Wesen auf Ruhm gestellt war** (VIII, 450), hatte die nach klassizistischem Konzept entworfene novellistische Tragödie ungleich größere **Würde** als die parodistischen Hochstaplerscherze. Fast vierzig Jahre mussten vergehen, bis Thomas Mann just an der Stelle im Manuskript wieder einsetzte[28], an der er 1913 zu schreiben aufgehört hatte. Europa hatte unterdessen mehrfach sein Gesicht verändert und der Greis konnte nun aus olympischer Höhe auf das problematische Ich von einst freundlich-überlegen hinabsehen. **So hält man sein Leben zusammen**[29], hat Thomas Mann diesen Vorgang kommentiert; ein Leben lang hat er von den Plänen aus der Zeit der Schaffenskrise gezehrt. Lebenssymbolisch scheint es zu sein, dass er das Werk der Lebenskrise erst wieder aufnahm, als er der Auffassung war sein sonstiges Lebenswerk getan zu haben: **Nur war ich im Grunde wohl nach dem *Faustus* fertig. Schon der *Erwählte* war ein scherzhaftes Nachspiel, und was ich jetzt treibe, ist nur noch Zeitvertreib.**[30] So spricht der Meister der Tiefstapelei, der mystisch-magische Spekulationen nicht nur im Werk, sondern auch im Leben betrieb. Längst legte er es darauf an, Goethe-Nachfolge auch in der Werkgeschichte und in der Biografie zu verwirklichen; längst hatte er gesehen, dass der *Krull* sich zu einem Lebenswerk entwickeln konnte wie der *Faust*. »Krull. Ein Fragment« erscheint zuerst 1922 unter dem Titel »Buch der Kindheit, Krull. Der Komödie Erster Teil« 1937 im Querido Verlag, vermehrt um die schon 1912/13 geschriebenen zusätzlichen Episoden (einschließlich II, 6). Was 1951 folgte, ist vom ursprünglichen Konzept so weit entfernt wie *Faust II* von *Faust I*.

1.2 Die späte Arbeitsphase

Nach Abschluss des *Zauberberg* (1924) wäre die Stunde zur Fortsetzung des *Krull* dagewesen. Aber schon schieben sich Pläne dazwischen, unter denen die zum *Joseph*-Roman die Oberhand gewinnen. Die zeitgeschichtliche und persönliche Situation scheint für individualistisch-ästhetizistische Scherze nicht disponiert zu sein: in einem leidvollen Prozess und unter mannigfachen Rückzugsgefechten hatte Thomas Mann 1922 ein Bekenntnis für die Weimarer Republik abgelegt. Literarisch war ein Arrangement getroffen, das ihm erlaubte, nicht alles, woran er geglaubt hatte, über Bord werfen zu müssen und der Zeit und den Forderungen des Tages doch seinen Tribut entrichten zu können. In den frühen Künstlernovellen und in den *Buddenbrooks* war immer vom Individuellen, vom psychologisch analysierten Einzelfall und vom Bürgerlichen die Rede gewesen; spätestens mit dem *Tod in Venedig* wendet sich Thomas Mann generellen, typischen Situationen des Menschseins zu, thematisiert Menschheitsfragen, sucht nach mythischen Mustern menschlichen Handelns. Im Mythischen findet er Urkonstellationen, die sich aktualisieren, psychologisieren lassen und damit dem Bedürfnis nach überzeitlicher Symbolik ebenso wie den Erfordernissen des politischen Tagesgeschäfts entsprechen konnten. Früh schon hatte er erkannt, worauf es mit dem Dritten Reich der Nazis hinauswollte, und ein anderes Drittes Reich unter Berufung auf verschiedenste Eideshelfer der Geistesgeschichte entworfen: eine Utopie des Ausgleichs, der Vermittlung von Gegensätzen, worin für ihn das Wesen des gesellschaftlichen Friedens bestand. Er, der in die Rolle eines geistigen Repräsentanten der Weimarer Republik hineingewachsen war, hielt es für seine politisch-literarische Aufgabe, Modelle der Versöhnung in menschheitlichen Dimensionen, nicht in ichbezogenen Abrechnungen und Fehden zu zeigen. Deshalb warf er die mythischen Traditionen der Menschheitsgeschichte nicht über Bord, sondern absorbierte, bewahrte sie, war also konservativ im ursprünglichen Sinne und variierte und veränderte sie zugleich, entdeckte in der Veränderung des Schemas ein Moment der Freiheit und der Zukunft. Auch der ehedem unpolitische, metaphysisch orientierte Schriftsteller kann für den Tag und die Stunde sprechen, wenn er den Mythos nicht als irrationale Menschheitsdämmerungsfantasie – wie der Faschismus – traktiert, sondern als geschichtlich zu konkretisierende ideale Konstellation.

Für die Vermittlung zwischen dem ›Allgemeinmenschlichen‹ des Mythos und dem Psychisch-Konkreten fand Thomas Mann in der Psychoanalyse wichtige Interpretationshilfen. Freud zeigte ihm, dass sich im Aufbau der Persönlichkeit das Verhältnis von Tradition (Überich) und Aktualität (Ich) wiederholt und dass beide nach einer Bändigung und Bewusstmachung der Triebwelt (des Es) verlangen, sodass das Es zum aufgeklärten Ich werde. **Mythos und Psychologie** heißt diese Allianz in Thomas Manns Kombinatorik. C. G. Jung und Karl Kerényi geben dieser Kombination im Nachhinein ihren Segen und die Legitimation: Sie interpretieren die psychischen Vorgänge als Sedimente eines mythischen Urgeschehens, verknüpfen das mythische Wissen des Menschen mit dem kollektiven Unbewussten und erklären den Mythos für sich wiederholende Erfahrungen der Menschheit.

Schließlich gewinnt über der Beschäftigung mit dem *Joseph* die Orientierung an Goethe den Primat: Die analytische Psychologie zeigt, dass Leben im Mythos ›In-Spuren-Gehen‹ bedeutet und dass diese Nachfolge in den Spuren großer Vorbilder eine ins Geistige übertragene Vaterbindung ist. Sie zeigt auch, dass eine solche Vaterbindung nicht sklavische Nachahmung mit sich bringt, sondern bildende, schöpferische Funktion hat. Sie löst damit den alten Zweifel Thomas Manns auf, ob nicht seine Orientierung an vorbildhaften Gestalten der Geistesgeschichte ein Zeichen seiner Unfruchtbarkeit und Stagnation sei. Nicht Konkurrenz zu Goethe, sondern Selbstverwirklichung in der Nachfolge Goethes heißt fortan sein Programm.

Diese geistig-seelischen Prozesse von weitaus komplexerer Art, als sie hier dargestellt werden können, werden im *Joseph* zu Ende geführt, sodass der *Krull* nach Vollendung der Tetralogie als überholt erscheint. Zwar denkt Thomas Mann 1943 noch einmal an eine Wiederaufnahme, findet aber in dieser weltgeschichtlichen Stunde (Exil, sich abzeichnende Niederlage des Dritten Reiches) nicht die Gelassenheit und Heiterkeit, seine individuellen Künstlernöte von einst ins Mythisch-Allgemeinmenschliche zu heben. Zunächst muss Goethes *Faust,* die Rechtfertigung Gottes trotz der Leiden in der Welt, angesichts der Gräuel der Geschichte dringlichst zurückgenommen werden. Thomas Mann schreibt sein bitterstes Werk, *Doktor Faustus.* Erst nach dem Krieg distanziert er den Schrecken und schließt diese Werkserie mit einem Satyrspiel auf die Tragödie, die der deutsche Pakt mit dem Teufel ausgelöst hatte: *Der Erwählte* kennt wieder – wenigstens im Märchen- und Legendenton – das Glücks- und Gnadenmotiv; trotz größter Schuld und Gefährdung bestätigt sich im Auserwählten eine heilsstiftende Kraft. Mit dieser Umkehr der Doktor-Faustus-Verzweiflung ist der Weg frei für die weitere Glücksbahn Felix Krulls, die in den Jahren 1951 bis 1954 (unterbrochen von der Novelle *Die Betrogene,* 1952/53) an ihr fragmentarisches Ende geführt wird.

Über die Gründe, warum Thomas Mann jetzt endlich doch die Fortsetzung vorantreibt, lässt sich viel spekulieren. Der Fünfundsiebzigjährige konnte sich wohl denken, dass danach, wie Hanno Buddenbrook sagt, nichts mehr kommt. Jetzt sieht es anders aus als 1943, als die *Krull*-Fortsetzung als Neuauflage des *Joseph* erscheinen musste. Auch kehrt Thomas Mann keineswegs zum alten Hochstaplerkonzept zurück.[31] Ganz abgesehen von der Absicht, wie Goethe ein Lebenswerk zu vollenden, hatte der *Krull* neue zeitgeschichtliche Aktualität gewonnen: Die McCarthy-Ära mit ihrem primitiven Antikommunismus und bigotten Moralismus droht von neuem die Freiheit des Denkens und der Kunst zu gefährden. Das Werk von der absoluten Freiheit des mythischen Schelms spricht in eine Zeit der Restauration und des Kalten Krieges hinein.

Von Selbstzweifeln und Altersdepressionen geplagt, den **geistigen Hintergrund** vermissend (Tagebuch, 1.7.1951), treibt THOMAS MANN das Werk voran – nicht zuletzt aus erotischen Motiven. Mit dem Houpflé-Kapitel fasziniert er sich selber, weil ihn ›**die Apotheose des Jünglings**‹ ›**stark und drängend**‹ beschäftigt (Tagebuch, 2.3.1951). Doch was in dieser Szene noch fiktiv und versteckt unter der Camouflage einer heterosexuellen Konstellation durchgespielt wird, hat im Kilmarnock-Kapitel sein biografisches *fundamentum in re* und verzichtet weitgehend auf Tarnung. In die Werbung des Lords um den Kellner Felix transponiert der Fünfundsiebzigjährige die eigene, nur dem Tagebuch anvertraute Passion zum Hotelpagen Franz Westermeier: ***Noch einmal also dies, noch einmal die Liebe,* das Ergriffensein von einem Menschen** [...] (Tagebuch, 9.7.1950). Dank dieser Triebkraft zur ›Verewigung‹ des Jünglings gerät das Schreiben selbst zum erotischen Akt, dessen Spannung den Autor auch fern vom Schreibtisch nicht verlässt (vgl. Tagebuch, 24.3.1951). Aus dem Pagen wird der inspirierende Genius des späten *KRULL*. Freilich diszipliniert THOMAS MANN sich bei aller Spannung immer so, dass die Sorge um die ›Größe‹ nie aus dem Blick gerät: Die eigene **letzte Liebe** wird in GOETHES Altersliebe gespiegelt (Tagebuch, 16.7.1950) und die erotische Fantasie zur ›Pan-Erotik‹ des Kuckuck-Kapitels überhöht: **Die Grundidee des Romans nichts Geringeres als die Liebe in ihrer sinnlichen Übersinnlichkeit** (Tagebuch, 12.12.1951). Ein **übersinnlich, sinnlicher Freier,** das ist nun – mit Mephistos Worten – wieder Faust (V. 3534): Während sonst die Sorge um sich greift, dass der Memoirenroman mit solch einem persönlichen Bekenntnis doch kein rechter *FAUST* werden will (vgl. Tagebuch, 4.4.1952), betreibt gerade diese ›Grundidee‹ erneute Camouflage, indem sie Ähnliches darstellen will wie GOETHE.

2 Die Romanstruktur

2.1 Die Parodie des Bildungsromans

Felix Krull, der Erzähler, tut so, als schreibe er einen Bildungsroman. Er weiß, dass sein **geneigter Leser** ein Romanmodell vor Augen hat, das für die deutsche Romantradition des 19. Jahrhunderts verpflichtend war und als Vollendung der Romanform galt. Mit diesem Modell war 1915 (die Schreibzeit Krulls) die Vorstellung eines moralisch-pädagogischen Begriffs verbunden, den die deutsche Klassik prägend bestimmt hatte. Individualität, Totalität und Harmonie hießen die Zielvorstellungen der ›Bildung‹, auf die hin sich das Ich entwickeln sollte. Freier Selbststand, unabhängig von Standes- und Erziehungsnormen, ganzheitlich-ausgeglichene Persönlichkeitsformung und Interessenausgleich zwischen Ich und Gesellschaft sollten das Ergebnis eines organisch vorgestellten Wachstumsprozesses sein. Für die Form des Romans, der diesen morphologischen Vorgang beschreibt, war zu Felix Krulls Zeiten Wilhelm Diltheys Beschreibung gültig[32]:

> **Von dem *Wilhelm Meister* und dem *Hesperus* ab stellen sie alle den Jüngling jener Tage dar; wie er in glücklicher Dämmerung in das Leben eintritt, nach verwandten Seelen sucht, der Freundschaft begegnet und der Liebe, wie er nun aber mit den harten Realitäten der Welt in Kampf gerät und so unter mannigfachen Lebenserfahrungen heranreift, sich selbst findet und seiner Aufgabe in der Welt gewiß wird.**[33]

Das idealtypische Formular des Bildungsromans setzt also voraus: eine Mittelpunktfigur, die das organische Zentrum der Handlung ist; eine Evolutionstheorie, die Bildung als Entwicklung von Anlagen versteht; eine Konfrontation der Mittelpunktfigur mit der Umwelt, die sie aus dem Stand des Unbewussten herausreißt; eine Zielvorstellung, auf die der Entwicklungsprozess hinführt, die sich formal mit ›Ichfindung‹ beschreiben lässt; eine Konzentration der Perspektive auf die innere, geistig-sittliche Sphäre; eine Erzählerfigur, die der zu bildenden Figur im Bildungsprozess voraus ist, deshalb deuten, kommentieren und moralisieren kann.

Krull maßt sich schon mit seinen ersten Worten an, dass seine Entwicklung im Zeichen des neuhumanistischen Bildungsbegriffs gestanden hat; nur nennt er ihn **natürliche Begabung** und **gute Kinderstube** (7). Die Rede von der natürlichen Begabung könnte tatsächlich von Goethe stammen und auf dessen aristokratisches Paradox von den **angeborenen Verdiensten** anspielen. Krull bezeichnet sich als **Vorzugskind des Himmels** (13) und kennt die klassische Präformationstheorie, nach der Bildung Entwicklung einer keimhaften Anlage ist (vgl. 69 f.), nur spitzt er sie so zu, dass sie zugleich ad absurdum geführt wird: Die Verdienste sind eben nicht nur angeboren, sondern sein **eigen Werk** (71); seine Entelechie, sein Wesenskeim, entfaltet sich nicht durch Energie und Dynamik zur vollendeten Form, sondern Bildung fliegt den **Erwählten im Schlafe** an. Krull kennt auch SCHILLERS und GOETHES Begriff der Bildsamkeit und Bestimmbarkeit: **Denn man muß freilich aus bildsamem Stoffe bestehen, um gebildet werden zu können. Niemand ergreift, was er nicht von Geburt besitzt, und was dir fremd ist, kannst du nicht begehren** (80). Aber aus der Formung der Persönlichkeit in Selbstverantwortung ist **gute Kinderstube,** aus dem GOETHE-zeitlichen Ideal der ästhetischen Erziehung **Begabung für gute Form** (8) geworden. Der parodistische Umgang mit dem neuhumanistischen Vokabular zeigt, dass Krull zu einem Zeitpunkt schreibt, zu dem der Umgang mit diesen Begriffen inflationär geworden ist und sich in fataler Weise mit einem Zwillingsbegriff, dem des Besitzes, verbunden hatte. ›Besitz und Bildung‹ hieß die Parole des sich emanzipierenden Bürgertums, das das Gymnasium zum Instrument seines sozialen Status umfunktioniert hatte. Der eine Zwilling ordnet sich folgsam dem anderen unter: Zum Besitz wird auch die Bildung, weil man sie – so Krull – **erwerben** (80) kann. Indem er unterschiedslos die gute Kinderstube neben die angeborenen Verdienste stellt, ist er selbst am Ausverkauf des klassischen Ideals beteiligt wie der Bildungsbürger, den er sich als Leser vorstellt. Sich nach dem hohen Muster GOETHE streckend, unterläuft er nach dem Willen der Autor-Instanz sein eigenes Vorhaben, die Geschichte seiner Bildung zu erzählen. Er muss es tun, denn in seiner Figur soll das Gesetz der Vertauschbarkeit der Werte, der Vertauschbarkeit von Ideal und Wirklichkeit, Echtem und Talmi, GOETHE und Gartenlaube[34] demonstriert werden. Selbst wertelos, übernimmt Krull die scheinbaren Wertvorstellungen seines hypothetischen Publikums und führt sie durch sein eigenes Beispiel in den Selbstwiderspruch.

Den deutschen Bildungsroman und damit den ›deutschen‹ Roman schlechthin zu parodieren gehört zu den Urabsichten THOMAS MANNS. Die Beschäftigung mit der Autobiografie in den Jahren 1910/11 führt ihn auf diese Problematik, verhalten sich ja Autobiografie und Bildungsroman wie Mutter und Sohn. Am Anfang steht nicht das Konzept eines Schelmenromans, sondern das einer Parodie des Bildungsromans in autobiografischer Form: **Man hat teil an der intellektualistischen Zersetzung des Deutschtums, wenn man vor dem Krieg auf dem Punkte stand, den deutschen Bildungs- und Entwicklungsroman, die große deutsche Autobiographie als Memoiren eines Hochstaplers zu parodieren** [...] (XII, 101). Systematisch werden die typischen Strukturelemente des Bildungsromans umfunktioniert:

Krull ist freilich Mittelpunktfigur, aber eine von besonderer Art. Nicht die Welt wirkt auf ihn, sondern er auf die Welt. Nicht die Welt bildet ihn, sondern er bildet sich die Welt nach seinem Gleichnis.

Krull kennt die Welt durch Antizipation, Erfahrung, Erziehung. Korrekturen seiner Bewusstseinsmängel sind überflüssig, weil er sich seines Glücks (dessen sich die Bildungsromanhelden auch am Ende ihres Romanweges durchaus nicht gewiss sein können) von vornherein sicher ist. **Sein eigen Werk** (71) und mit **alle[n] Möglichkeiten der Welt** (165) begabt, setzt er den klassischen Entelechiegedanken durch Übertreibung außer Kraft. Nicht ein Ich entwickelt die Potenzen des Keims, sondern die Fülle verschiedener Ichmöglichkeiten ersetzt das organisierende Ichzentrum.

Vom sozialen Vorgang der Bildung bleibt das autodidaktische Training von Selbstbeherrschung und Rollenspiel übrig. Nicht Erzieher säumen Krulls Weg, sondern Spiegelbilder seiner Schauspielerexistenz. Die Gesellschaft wirkt nicht als Realitätsprinzip auf seine Persönlichkeitsentwicklung ein, weil die Außenseiterposition von Geburt an schon bezogen ist. Auch die Liebe hat keine anagogische, führende, bildende und veredelnde Funktion, sondern gibt auf andere Weise Gelegenheit zur Selbstbestätigung und zum Gestaltenwandel. Damit die illusionäre Existenzform ins Gelingen geführt werden kann, muss die Dialektik von Ich und Welt, die den Bildungsroman prägte, einer prästabilierten Harmonie weichen.

Nicht Identitätsfindung heißt das Ziel, da kein Ich existiert, das sich finden ließe. Ziel und Lebensprozess sind vielmehr identisch: jeweils neu die alte Identität abzuwerfen. Deshalb ist das Theater nicht bildendes Durchgangsstadium und Holzweg wie bei vielen Helden des Bildungsromans, sondern Endzweck des Handelns. Wilhelm Meister muss in einem schmerzlichen Prozess den Unterschied zwischen Fiktion und Realität begreifen lernen; in Krulls Welt existiert diese Differenz nicht; er steht mitten in der Welt auf den Brettern seines Welttheaters.

Krulls Introspektive setzt keine Veränderungen in Gang, verarbeitet nichts, korrigiert nichts, bereut nichts, sondern legitimiert alles und jedes, entdeckt nur immer wieder die eigene Vorzüglichkeit und frönt dem Selbstgenuss. Aufgrund der autobiografischen Erzählsituation weiß niemand, was in seinem Inneren ›wirklich‹ vorgeht. Was der Leser weiß, weiß er nur durch Krull; und der zeigt die Spiegel, die ihn vielfach gebrochen reflektieren.

Krull hätte noch allenfalls ein Missbildungs- oder Desillusionsroman werden können, wenn sich eine eindeutige Erzählerinstanz dingfest machen ließe, die eine andere moralische Position einnähme als Krull. So aber gibt es niemanden, der seinen Immoralismus verurteilt. Aus all dem folgt, dass dem Roman fehlt, was die Struktur des Bildungsromans zuallererst ausmacht: die Entwicklung.[35]

2.2 Lehrjahre (1. Buch)

Der Roman beginnt mit zwei Erzähleingängen: Der erste Anfang ist zugleich das Ende. Der Erzähler Krull beschreibt seine Erzählsituation – **müde, sehr müde** – am Ende seines öffentlichen Wirkens. Im zweiten Anfang setzt er *ab ovo,* ›vom Ei an‹, mit Herkunft und Geburt ein. Der Vorsprung auf der Erzählerebene parodiert Rousseaus *Confessions,* der Beginn der Erzählung *Dichtung und Wahrheit.*[36] Der Vorsatz ist Vorsatz in des Wortes Doppelsinn, klassisches Exordium, Selbstvorstellung des Erzählers, seiner Situation, Auskunft über Stillage und Darstellungstechnik mit der zugehörigen Topik der *captatio benevolentiae* (Bescheidenheitsformel) wie auch Vor-Satz des Erzählers, dem Gesichtspunkt der **Wahrhaftigkeit** (8) entsprechen zu wollen. In Konkurrenz zum ersten Vorsatz tritt das von Rousseau geborgte Selbstbewusstsein, ein **Unternehmen** zu beginnen, **das ohne Beispiel** ist, in Konkurrenz zum zweiten (dem wieder von Rousseau entlehnten Wahrheitspathos) das gelassene Eingeständnis eines **trügerischen Lebens.** Als wäre durch diese konkurrierenden Linien nicht schon Verwirrung genug gestiftet, muss das **geduldige Papier** ein weiteres Musterbeispiel Krull'scher Konfusion ertragen. Der Vorsatz, **Takt und Anstand des Ausdrucks** (7) zu wahren, wird im nämlichen Atemzug dadurch unterlaufen, dass Krull, bevor er überhaupt zu erzählen begonnen hat, **im voraus und außer der Reihe** (8) zu einer seiner typischen Abschweifungen ansetzt, die die feinbürgerlich-liederlichen Zustände des erst später zu schildernden Elternhauses zum Gegenstand hat. Der Exkurs zerstört nicht nur alle Absichtserklärungen, **in treusinniger Folge** (63) berichten zu wollen, sondern sprengt die Form des Exordiums selbst. Der Stil dieser ersten Seite ist der Mann Krull selbst: der personifizierte Widerspruch.

Nach diesem Anfang des Anfangs muss die Natur dafür herhalten, für Krulls Existenz verantwortlich zu sein: **Der Rheingau hat mich hervorgebracht** [...] (8). Kinder der Natur waren Wilhelm Meister und seine Brüder; sie sollten sich entfalten, wie es die Natur ihrer Anlagen bestimmte. Krull will sich offensichtlich selbst in ihrer Verwandtschaft ansiedeln und zeichnet in sein Landschaftsbild die Züge der Harmonie, auf die die Naturfrömmigkeit Goethes aus war. Aber der Gedanke an die Natur ist für den Erzähler nur Anlass diese Landschaft aus der Literatur abzumalen: Eine Landschaft Goethes scheint besonders zum Vorbild gedient zu haben, die, die Goethe erblickte, als er zum ersten Mal das Straßburger Münster bestiegen hat.[37] Der geneigte Leser wird wohl wissen, dass Krulls Geburt eine Sternstunde war wie die Stunde der geistigen Geburt des Straßburger Goethe. Krulls Literatur ahmt also nicht Natur, sondern Literatur nach, und sie tut es, indem sie alles, was typisch ist für Goethes symbolischen

Stil, vereinigt, häuft und ins Karikaturistische steigert (s. S. 76 f.). Auch in diesem zweiten Erzähleinsatz ist der ganze Krull enthalten: der dekadente Künstler, der nicht aus der Fülle des Eigenen schafft, sondern nachäfft.

Dann erst geht es richtig los, und zwar an dem Punkt, an dem Bildungsromane anzufangen pflegen: mit der Beschreibung der **Häuslichkeit** (11)[38], pädagogisch gesprochen: mit der Darstellung der Sozialisationsinstanzen. Zu denen zählen hier: die Familie, der Mentor, die Gäste der Familie, das Hausmädchen, der Hausarzt, Kurgäste, der Schauspieler und auf dem Weg der Verneinung die Schule. Der Vater, Schaumweinfabrikant seines Zeichens, ist ein Schaumschläger. Er scheint nur dem Großbürgertum anzugehören und ein ehrbares Produkt zu fabrizieren, er scheint weltmännisch, auf Umgangsformen, Etikette und französische Formen bedacht; tatsächlich aber ist sein Wein gepanscht und Etikettenschwindel, praktiziert er seine Gallomanie vor allem auf erotischem Gebiet, liebt die Bohème, veranstaltet Orgien, lebt über seine Verhältnisse und endet in gesellschaftlicher Schande, Konkurs und Suizid. Mutter Krull, **eine unscheinbare Frau,** hat nicht viel zu sagen, weil ihr die Grazie fehlt, die Vater Krulls Ausschweifungen veredelt. Im Verein mit Tochter Olympia – **ein dickes und außerordentlich fleischlich gesinntes Geschöpf** (18) – verkörpert sie das Lustprinzip in seiner schalsten Form. Olympia – benannt wie E. T. A. Hoffmanns Automatenfigur – ist mit einem Leutnant verlobt, der natürlich **Übel** heißt, und **beschreitet** nach des Vaters Konkurs die **Operettenbühne** (18, 56). Die zwielichtigen, leichtlebigen Gäste bestätigen nur, dass in Krulls Villa immer schon Operette gespielt wurde. Arzt Dr. Düsing vervollständigt dieses Theaterkollektiv. Er spielt mit, als Krull schulkrank wird, weil das Spiel seine Existenz rechtfertigt.

Pate Schimmelpreester hat in diesem Schauspielerensemble von gesellschaftlichen Außenseitern eine zentrale Rolle inne. Der Pate ist aber so wenig ein Erzieher wie der Vater ein Repräsentant des gesellschaftlichen Überichs. Wohl heißt er Professor und scheint damit die gesellschaftlichen Mächte der Reputation und der Bildung in sich zu vereinigen; Künstler aber ist er, zudem einer der merkwürdigsten Sorte, und sein Titel ist nur angemaßt. Er stellt sich als ›Designer‹ heraus, der für die PR-Maßnahmen der Firma verantwortlich ist. Auf ihn also geht das Etikett zurück, der schöne Schein, hinter dem sich die Wahrheit über Familie und Fabrik verbergen kann. Schlimmer noch: Der Pseudoprofessor stammt aus Köln und ordnete dort den Karneval. Er steht überhaupt für die Karnevalisierung der Kultur[39], die Vertauschbarkeit von Sein und Schein, **nach der glorreichen Gründung des Deutschen Reiches** (8). Er ist der Topograf, der Felix seine Rolle in der Welt des Scheins als **Kostümkopf** (26) anweist, weil er der Einzige in Krulls Umgebung ist, der das Verhältnis von Sein und Schein durchschaut und trotzdem in diesem Theater mitspielt. Ihm hat Felix erste Auskünfte über das Wesen der Natur (**Fäulnis und Schimmel** [24]) zu verdanken: alles klassische Bildungsromanthemen, nur ins Gegenteil pervertiert. Er definiert denn auch Krulls Entelechie, indem er auf den Künstler-Kriminellen Phidias als Vorbild verweist. Phidias ist hier, was bei GOETHE das Bild vom kranken Königssohn: bildhafte Veranschaulichung des Existenzziels der Hauptfigur. Weil Schimmelpreester Krulls Entelechie kennt, verwaltet er auch den Nachlass und weist den Weg nach Paris, der zum Ziel des Gestaltentauschs führt. Professor Schimmelpreester und Professor Kuckuck sind die beiden Mentoren, von denen der eine den anderen in gesteigerter und veränderter Gestalt wiederholt, Vertreter der Welt des Turms[40], jener Instanz, die bei GOETHE die Lenkung des Zöglings betreibt.

Erotische Irrungen und Wirrungen gehören nicht minder zum Weg Wilhelm Meisters. Deshalb hat Magd Genovefa teil am Sozialisationsprozess wie ehedem Kammerkätzchen Philine. Die **große Freude** (53) des Eros präpariert Krull für ein Weltverhältnis, das als Ganzes erotisch, ein **Gefälligkeitszauber** ist, und setzt mit anderen Mitteln das Spiel fort, das beim Maskenwechsel wie beim Aktmalen in Pate Schimmelpreesters Studio begonnen wurde: den Ichverlust in der Hingabe an ein anderes Ich.

Im Schauspieler Müller-Rosé schaut Krull sich selbst an. Die doppelte Optik lenkt jedoch den Blick vor und hinter die Kulissen. Hinter der Tünche eines **Traum- und Musterbild**[es] (29) liegt die ekelhafte, picklige Realität einer infantilen und vulgären Schauspielerexistenz. Auf Müller-Rosé wird die gesamte Künstlerkritik abgeladen, die THOMAS MANN von NIETZSCHES WAGNER-Aufsätzen abgelesen hatte. Um Krull zu entlasten werden die Nachtseiten des Rollenspielers nicht an ihm selbst, sondern an diesem Spiegelbild gezeigt.

Ebenso wichtig wie die ›erziehenden‹ Instanzen, die geschildert werden, sind die, die nicht oder nur *ex negativo* zur Sprache kommen. Die ›peer group‹ fehlt gänzlich, die Schule wird mit feindlicher Ablehnung übergangen und die so genannte gutbürgerliche Gesellschaft schlägt um Familie Krull einen Bogen (vgl. 17 f.). Von vornherein soll Krull die Gesellschaft als Außenseiter betrachten lernen, die gesellschaftliche Isolation als Bedingung seiner Existenz akzeptieren und sich gleichzeitig aus der Distanz der Welt ›**gefällig**‹ ›**bilden**‹, damit sie, vom Außenseiter durchschaut, zum Objekt seines Arrangements werden kann (vgl. 71). Auf die Ansprüche gesellschaftlicher Institutionen reagiert Krull vorzüglich mit seinem Einsamkeitspathos und rechtfertigt die Isolation als elitäre Selbstgenügsamkeit und Form der Freiheit. Seine Bildungsinstanzen sind Schlaf und Traum, Fantasiespiele und Übungen vor dem Spiegel. Weil ihm bürgerliches Rollenverhalten (Anpassung, Leistung, Konkurrenz, Besitzstreben) fremd bleibt, findet eine Verinnerlichung gesellschaftlicher Normen nicht statt.

Das soziale Umfeld gestaltet sich zum Experimentierfeld für seine Exerzisen in Betrug, Diebstahl und sexueller Libertinage, zu **Vorversuchen** der Natur (313) für sein Lebenskünstlertum, das die gesellschaftlichen Schranken sprengen wird. Ob Krull **Kaiser** spielt oder einen Prinzen namens Karl, ob er das geigende Wunderkind imitiert oder sich als Modell in verschiedene Identitäten und Welten hineinimaginiert, immer ist die Bedingung für das Gelingen des Betrugs die Ambivalenz von Weltverachtung und **Weltfrömmigkeit** (17), von Geringschätzung und Schmeichelei, von Narzissmus und Allsympathie. Das Paradox dieses Verhältnisses löst sich insofern auf, als Krull immer der Regisseur seiner Wirklichkeit ist und die Gesellschaft Marionette seiner Freiheitsakte. Die Gesellschaft, die er braucht und ohne welche ihm sein Betätigungsfeld fehlte, kann in einer **hochzeitliche[n] Begegnung** (36) geliebt werden wie das eigene Ich.

Weil also ein Kausalverhältnis zwischen Ich und Gesellschaft fehlt, keine Entwicklung stattfindet, sondern eine Serie von **Vorübungen** gereiht wird, weil die Gesellschaft als sanktionierender, erziehender, Normen setzender Faktor keine Rolle spielen darf, weil so keine Dramatik und Kollision von Gegensätzen entstehen kann, fehlt auch ein streng begründendes Erzählen. Die einzelnen Kapitel verhalten sich wie in sich abgeschlossene Variationen auf das einzige Thema *esse est repraesentare* (Dasein heißt eine Rolle spielen). Weil Krull nicht wie Wilhelm Meister das Theater überwindet, um in eine neue liberale Gesellschaft integriert zu werden, steht das Theatererlebnis im Zentrum dieser Variationen. Deshalb betrügt auch der Erzähler, wenn er **die Zeitfolge sorgfältig zur Richtschnur** (11) zu nehmen gedenkt, und sagt die Wahrheit, wenn er zurückweist, sich chronologisch erinnern zu wollen (vgl. 27). Das erste Buch täuscht eine finale, zielgerichtete Kompositionsabsicht (und damit das vom Leser erwartete Ziel einer Charakterentwicklung) nur vor. Wird dagegen vom Handlungsablauf abstrahiert, wird deutlich, dass sich die Kapitel in einer Zentralkomposition umeinander anordnen. Das Buch, kurz vor dem *Tod in Venedig* abgeschlossen, ist wie diese Novelle streng durchkomponiert:

Das letzte Kapitel (Vater Krulls Konkurs) sagt gegenüber dem ersten (Beschreibung der Liederlichkeit des feinbürgerlichen Elternhauses) nichts Neues, sagt es nur deutlicher, mit dem Zeichen der Endgültigkeit. Abstieg und Ende der Familie Krull stehen aufgrund des ersten Kapitels schon zu erwarten. Die zwischen dem Außenkreis der Randkapitel angeordneten inneren (vgl. Zeichnung S. 25) leisten alle die Begründung für die familiäre Situation und Krulls Seelenzustand: Krulls träumerische Ichverwandlung, die Beschreibung seiner Schlafsehnsucht entsprechen der Liebesvereinigung mit Genovefa im achten Kapitel. Beide Szenen verfolgen dieselbe Absicht, den ›infantilen‹ Regress in einen embryonalen Zustand zu illustrieren (vgl. 53, 56). Beide Zustände, den der Ichverwandlung und den der Liebesbegegnung, kennzeichnet Krull als träumerisch, weil in ihnen das Ich aufgehoben und damit tendenziell die Verschmelzung der Individualitäten möglich ist. Die erotische Beziehung will der Erzähler als Fortsetzung des Maskenspiels und als Möglichkeit verstanden wissen, das **Alltagsgewand** (54) der Individualität abzustreifen. Im nächsten Erzählkreis entsprechen sich der Betrug des Publikums durch Krulls virtuoses Violinspiel (3. Kapitel) und die Diebstähle im Feinkostgeschäft (7. Kapitel). Krulls Modellstehen (4. Kapitel) und seine Schulkrankheit (6. Kapitel) sind durch den Akt der Simulation miteinander verbunden. So gruppieren sich die Kapitel konzentrisch um die Theaterepisode als Variation des Immergleichen.

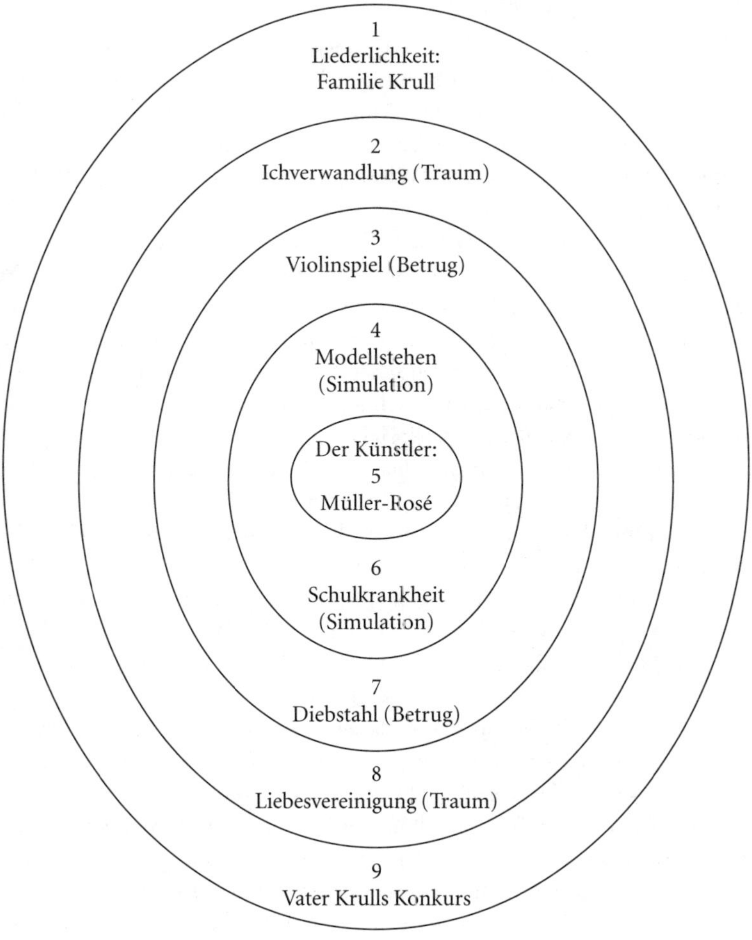

Da Krull sein **eigen Werk** ist, muss er im Zentrum seiner Theaterwelt stehen. Alles, was geschieht, geschieht um ihn als Mittelpunkt herum und um seinetwillen. Mit ihm geschieht nichts. Er ist am Ende, der er am Anfang war. Und es ist nur eine der üblichen Vexationen, mit denen man bei einem Hochstapler-Erzähler rechnen muss, wenn in der Komposition nicht Krull, sondern Müller-Rosé im Mittelpunkt steht. Alles, was sich um Müller-Rosé herumgruppiert, sind Experimente Krulls im Hinblick auf das Existenzziel, das Müller verkörpert. Er ist die Ideensonne, um die als Magnet die Vorversuche auf allen Lebensstufen gleich gültig kreisen. Nur muss Müller-Rosé erdulden, dass der Illusionsschleier der Theaterwelt zerrissen wird, während Krulls ewiger Narzissmus keine Desillusionierung duldet.[41]

2.3 Wanderjahre (2. Buch)

Das zweite Buch ist ein Buch des Übergangs und des Überschreitens in vielfachem Sinne. Es hat Vermittlungsfunktion zwischen dem Buch der Kindheit und der Konsolidierung Krulls in seinem eigentlichen ›Beruf‹. Es ist das Bindeglied zwischen dem bürgerlichen Tod und der Wiederauferstehung als Marquis, ein Buch der Wanderjahre, das dem Buch der Meisterschaft vorausgeht. Es leitet aus der Provinz über nach Frankfurt und Paris, aus der kleinen in die **große Welt** (75), in die **capitale du monde** (129). Schließlich ist es ein Zeugnis für die ein Menschenalter dauernde Zäsur in der Entstehungsgeschichte. Es liegt also in der Natur der Sache, dass die Geschehensstruktur ein finales Element enthält, das in Konkurrenz zur Statik des ersten Buches zu treten scheint. Die Kunst der Komposition bestand darin, das final orientierte Handlungsschema mit einem anderen zu unterlegen, das der Entwicklungslosigkeit Krulls entspricht.

Das Handlungsmuster lässt sich auf wenige Züge komprimieren: 2. Kapitel: Beerdigung des Vaters, 3.: Regelung der Hinterlassenschaft, Zukunftspläne Schimmelpreesters und Übersiedlung nach Frankfurt, 4.: Konsolidierung der mütterlichen Pension, Krull als Beobachter der schönen Welt, 5.: Musterung und Simulation des epileptischen Anfalls, 6.: Liebesschule bei Rosza, Betätigung als Zuhälter, 7.: Reise nach Paris und Juwelendiebstahl, 8.: Vorstellungsgespräch mit Stürzli, Verkauf der Juwelen, 9.: Liebesnacht mit Mme. Houpflé und Erhöhung zum Hermes.

Das Übrige ist Reflexion. Schon das erste Kapitel mit der Metareflexion des Erzählers setzt deutliche Signale. Es lehnt die Lesererwartung ab, wie sie sich etwa auf das Vorbild, Manolescus Memoiren, gerichtet haben könnte, einen Roman der Handlung zu konsumieren. Weder Kolportage noch **Kriminalroman** noch **Detektivgeschichten**, sondern eine ›**traumähnliche**‹ ›**Denkschrift**‹ und ›**Lebensgeschichte**‹ (63 f.) stehen zu erwarten. Dem Traum nämlich fehlt die **treusinnige**[r] **Folge** der Ereignisse. Überraschend modern verweigert sich der Erzähler Krull den **Gesetzen der Handlung** (85). Was das Buch enthält, nennt Krull **Weltbemerkung[en]** (139). Sein Schwadronieren unterläuft die zielgerichtete Handlungsstruktur. So entsteht eine Erzählsituation, die auch Krull als Dilemma erfährt: einerseits **in treusinniger Folge** (63) Blatt auf Blatt zu schichten und also chronologisch-linear vorzuschreiten (und damit den Gesetzen der epigonalen Kunst zu folgen, die er kennt) oder andererseits den **Vorschriften seines Herzens** zu genügen und im pausenlosen Expektorieren seiner Innerlichkeit um sich selbst zu kreisen und im Sumpf der eigenen Seele zu stagnieren. Die **Abschweifung,** der Exkurs, macht Krulls Wesen aus, weil sie eine Form seines erotischen Weltverhältnisses ist. Sein die Erzählgesetze störendes Abschweifen und seine die gesellschaftliche Ordnung aufhebenden erotischen Abwege gehören zusammen.[42] Was Schimmelpreester am Anfang des Buches für Krulls Weg voraussagt, gilt für die **Handlung** wie fürs Erzählen:

> **Da ist es denn nun die Hotel-, die Kellnerlaufbahn, die, wie mir scheint, in seinem Falle die günstigsten Aussichten bietet: und zwar in gerader Richtung sowohl [...] wie auch rechts und links auf allerlei Abweichungen und unregelmäßigen Seitenpfaden, die sich schon manchem Sonntagskinde neben der gemeinen Heerstraße aufgetan haben.** (74)

Auf dieser zweiten Ebene **eines zur Weltbemerkung nun einmal aufgelegten** (139) Erzählens, das sich anmaßt, Kunde der Weltweisheit zu vermitteln, sieht die Abfolge der Kapitel ganz anders aus:

1. Ablehnung des Handlungsromans und Plädoyer für den Essay
2. Essay über den Ästhetizismus der römischen Kirche
3. Schimmelpreesters Deutung von Krulls zukünftiger Lebensbahn
4. Essay über Bildung durch Muße, Kontemplation und Beobachtung
5. Essay über natürliche Rangordnung, soldatische Existenz und Existenz als Soldat
6. Essay über konventionelle erotische Moral und Begründung des Immoralismus
7. Essay über den Aristokratismus der Natur und das Leben in absoluter Freiheit
8. Essay über die Universalität der Begabung, mann-männliche Erotik und den Nationalcharakter der Völker
9. Essay über die **Seitenpfade** (74) der Liebe

Die eine Strukturlinie, die der **Knalleffekte** (63) und der Abenteuer (vgl. 87), nähert sich der des Schelmenromans mit seinen kaleidoskopartigen Episoden vom trickreichen Helden, der eine Welt übers Ohr haut. Was dieser Linie Zukunftsorientierung verleiht, ist die Erwartungshaltung Krulls, sein ständiges Antizipieren, sein Fieber nach Erfüllung seiner eigentlichen

Existenz, die seine diversen Ausfahrten ins Ungewisse begleiten (vgl. 77 f., 90, 92 f.). Es wird aber auch weiterhin fleißig die Weltfahrt eines Bildungsromanhelden simuliert. Weiter betrieben wird auch das Gerede vom **Bildungswerk** (89), von der Bildsamkeit (vgl. 80), von der Universalität der Begabung (vgl. 154), von einer **Liebesschule** (125) und von Wissenschaft (vgl. 90). Aber je mehr Krull artikuliert, dass Bildung und Besitz synonym sind – **aber ein junges Blut, das keinen Gepäckträger in Arbeit setzt [...], ist den Zöglingen unserer Zivilisation keines Blickes und Wortes wert** (131) –, umso mehr wächst die Notwendigkeit, den Zugang zu dieser Form von Bildung mit schelmischen Mitteln zu erzwingen.

Die zweite Strukturlinie ist keine Gerade, sondern ein Kreis: Krull, den Erzähler, zieht es immer wieder **an jenen Ausgangspunkt zurück** (76), von dem seine Nabelschau ihren Anfang nahm. Die Ablehnung des Detektivromanformulars hat Gründe, die Krulls Bewusstsein überschreiten. Der Detektivroman analysiert, deckt auf; Krulls Rede verdeckt und übertüncht. Der Detektivroman setzt Maßstäbe moralischer Art – und seien es die des Bösen – voraus; Krulls Immoralismus spielt mit der Moral des Lesers. Der Detektivroman bedarf der Kausalität, Indizienketten und Motivationsreihen sind logisch ausgeklügelt und dem Kalkül des Lesers nachvollziehbar; Glück aber oder Zufall zerstören die Bedingung seiner Möglichkeit. Krulls Schicksal steht jenseits des Kausalitätsprinzips. Dass sich ihm die Welt fügt, bestätigt, dass sie nicht nach Gesetzen geordnet ist, die objektiv in ihr selbst begründet sind. Krulls erzählerischer Umgang mit der Realität entspricht dem des Hochstaplers mit der Gesellschaft. Es gibt keine Gesetze, die seinen Erfolg behindern könnten; alles funktioniert, wie das Ich es will, auch beim Erzählakt. Weil Charakter und Welt ihre epische Eindeutigkeit verloren haben, vermittelt das Erzählen nur noch perspektivische Eindrücke.

Betrachtet man zudem Krulls Versicherung, in Folge zu erzählen, berechtigterweise mit Skepsis, fällt auf, dass schon die Geschehensfolge nicht einlinig, sondern um ein Zentrum herumkomponiert ist: Die Musterungsszene übernimmt im zweiten Buch dieselbe Funktion wie im ersten die Theaterszene. Sie enthält das entscheidende Gesellenstück (wie die andere das Lehrstück), das Experiment auf Krulls Devise: *mundus vult decipi,* **die Welt will betrogen werden.** Um sie herum sind die beiden lebensgeschichtlich bestimmenden Ausfahrten konzentrisch gruppiert. Diese umrunden wiederum die Lebenspläne Schimmelpreesters und die Einlösung dieser Versprechen beim Vorstellungsgespräch. Zum inneren Kreis gehören die vorbereitende Stagnation in Frankfurt, die panoramatischen Kapitel, in denen Krull als **Gaffer** (87) die Bekanntschaft zweier extremer gesellschaftlicher Schichten macht, der *beau monde* und der Halbwelt, die ihm im feinbürgerlichen Elternhaus trotz aller Liederlichkeit verschlossen waren.

Diese Kapitel enthalten die Alternative, die sich nach dem **bürgerlichen Tod** (72) der Familie stellt.

In diesem zweiten Buch fährt Krull in die Grube: Gesellschaftlich sinkt er in die Hefe ab, moralisch bringt er es zum Dieb und Zuhälter, mythologisch geht es ab in den Hades. Bevor er seinen Dienst im Pariser Hotel antreten kann, muss er **hinab ins Kellergeschoß** des Magazins, das der **Kostümkammer eines Theaters** gleicht (158), und sich neu einkleiden lassen. Zugleich ändert das grunzende **Rhinozeros** (150) Stürzli – eine teuflische Figur – Krulls Namen und damit die Identität. Reise und Abfahrt zur Hölle sind also die Zeichen des Identitätswechsels. Wie Joseph durchmisst Krull die Sohle seiner Existenzmöglichkeiten, um daraus umso glanzvoller aufzuerstehen: [...] **wenn ich mich später mit verblendendem Erfolge für mehr ausgab, als ich war, so gab ich mich vorläufig für weniger aus** [...] (193). Die Frankfurter Erfahrungen sind eine Schule der Beobachtung und des Sehens, der Diebstahl ermöglicht das Doppelleben und damit zuletzt den Identitätswechsel und der Abstieg ins Dienstleistungsmilieu dient als Sprungbrett zur Erhöhung. Der Ascenseur, den der Liftboy bedient, verhilft zur Auferstehung von den gesellschaftlich Toten. Auch durch dieses mythologische Muster ist der Bildungsroman erledigt. Krull wird nicht zu einem neuen Ich, das aus den leidvollen Erfahrungen seiner ersten Existenz (wie Joseph) gelernt hat, sondern ihm wird nur ein neues Etikett aufgeklebt und ein neuer Anzug auf den Leib geschneidert. Am Ende des Buches verfällt dann Mme. Houpflé **nicht ohne Feierlichkeit** auf den Namen, der den neuen Rang Krulls benennt, den des Hermes. Auf diesen Rang lief die Gruben- und Auffahrt zu. Mit in die Grube gefahren ist Thomas Manns altes Konzept vom Künstler Krull, mit ihm auferstanden der Kind-Gott der Kunst. Das ist fürwahr **ein Erlebnis fürs Leben** (191)!

2.4 Meisterjahre (3. Buch)

Der Umfang der Romanbücher wächst kontinuierlich: Beläuft sich der des ersten auf 55, so der des zweiten auf 127, der des dritten auf 208 Seiten. Mit dem dritten Buch spätestens beginnt der Roman, wie Thomas Mann beim Schreiben wiederholt beseufzt, **auszuarten.** Das Strukturprinzip des dritten Buches entspricht am ehesten dem panoramatischen Prinzip des pikarischen Romans, das den Helden in immer neuen, in sich abgeschlossenen Episoden und die Gesellschaft in einem Kaleidoskop zeigen will. Dem entspricht auch Thomas Manns eigene resignierte Feststellung, dass das Werk **nicht auf ein Je-damit-Fertigwerden** angelegt, sondern ein **epischer Raum zur Unterbringung von allem, was einem einfällt**[43], sei. Die Welt als Erscheinung zieht wieder am Leser vorbei – von Krulls Rollentausch in Paris bis hin zu seinem Rollenspiel in Lissabon.

Das hindert aber nicht, dass der Handlungsablauf unter dem Gewicht der Essays bis zur Bedeutungslosigkeit verkümmert und der Raum der Welt zum Raum des Geistes ausgeweitet wird, dergestalt, dass die Tendenzen des zweiten Buches bis zur Sprengung des epischen Raumes vorgetrieben werden. Die Fahrt ist nur noch Anlass, Welt nicht durch Erfahrung, sondern durchs Gespräch zu vermitteln. Auch greift THOMAS MANN zu dem Erzähltrick, die Handlung durch eingestreute Briefe doppelt zu vermitteln und zu brechen.

Das Buch rahmen die beiden Zirkus-Kapitel spiegelbildlich. Nun enthält der Rahmen das, was im ersten Buch im Zentrum stand: die Selbstbespiegelung Krulls in zwei Szenen aus der Welt des Theaters. Nur hat sich das Orientierungsmuster gegenüber dem alten des Schauspielers gewandelt: Andromache und Ribeiro verbindet die Zuspitzung des Künstlerberufs ins Akrobatische und Lebensgefährliche. Entsprechend den neuen Existenzbedingungen Krulls verschiebt sich das Modell aus dem bloß Illusionären oder auch Kriminellen ins Außer- und Übermenschliche. In beiden Zirkusveranstaltungen nehmen die Akteure Züge Hermes' an (vgl. 198, 390). Die Gefährlichkeit der Gratwanderung entrückt Krull, seinen Ebenbildern entsprechend, dem menschlichen Maß.

Immer mehr verlagert sich das Interesse von der Beobachtung der Krull'schen Kapricen auf Gedanken über die Bedingung der Möglichkeit der illusionären Existenzform. Die Geschehensstruktur ist episodisch auf Ergänzung hin angelegt, die Reflexionsstruktur dagegen kreist um Leben und Liebe, Form und Kunst, Sein und Zeit. Zu Dreierblöcken gegliedert, die untereinander durch die Logik des Gedankengangs verbunden sind, handeln die Essays in der Reihenfolge ihres Vorkommens über das Problem der Identität und Individualität, die Begründung der Identität durch das Vorstellungsmuster der Zeit und die Auflösung der Individualität in der Alleinheit des kosmischen Seins, deren Formen die Allsympathie und die Liebe sind. Die Stringenz der Gedankenfolge ersetzt die Handlungsfolge. Ein Thema aber überwölbt und verklammert alle Kapitel: Immer wieder geht es um ein Sich-wieder-Erkennen Krulls im anderen, um seine Stellung im Kosmos und seine Position in der Zeit.

Das Müller-Rosé-Kapitel zeigt die Welt des Theaters und das Kuckuck-Gespräch begründet die Philosophie und Poetik eines Welttheaters. Aus dem Theaterspiel mit seinem Rollentausch ist ein Mummenschanz über die mythische Identität aller Wesen geworden. Als achsensymmetrisch leicht verschobenes Zentrum enthält das fünfte Kapitel gleichzeitig Krulls Erhebung zum Marquis wie auch Kuckucks Weltdeutung, die als philosophische Initiation in Krulls von der Houpflé vorgeschriebenen Seinsweise als Hermes gelten kann. Da diese Einweihung aber erst im siebten Kapitel mit seinen Betrachtungen über die Form als Garant der Identität abgeschlossen wird, rahmen beide Gespräche die Achse des Geschehensablaufs, die Ankunft in Lissabon. Beides verweist komplementär aufeinander: die Zentralkomposition mit ihrem Rahmen und die philosophischen Bemühungen, die demonstrieren sollen, dass die Welt als ganze eine bloße Vorstellung des Subjekts, das Ich eine Wahnvorstellung des an Zeit, Raum und Kausalität gebundenen Gehirns ist und dass nur hinter der Fülle der Erscheinungen das liegt, was alle angeht und was alle sind: durch Form zu bändigender Wille. So wie im ersten Buch das Theater-Kapitel zur Selbstspiegelung des Romans verhalf, so Kuckucks Essay zur Selbstreflexion. Es entsprechen sich die Deutung der Welt als ›**Episode**‹ ›**zwischen Nichts und Nichts**‹ (282) und die episodische Struktur des Geschehens; die Deutung der Welt als Trug und Gespinst der Maja und die illusionäre Welt Krulls; die Hinführung auf das hinter der Zeit verborgene typische Muster allen Geschehens und die ›Ausweitung‹ Krulls in eine alle Möglichkeiten umfassende mythische Figur; schließlich der Fragmentcharakter des Romans und die Auffassung Kuckucks vom Sein als Fragment zwischen Noch-nicht und Nicht-mehr.

Fast hat es den Anschein, als würde der Roman am Ende doch noch in ein Bildungskonzept einmünden, das von Professor Kuckuck getragen wird. Durch die essayistische Selbstreflexion des Romans entsteht ein Romantypus, der nur noch metaphorisch als Bildungsroman qualifiziert werden kann. Freilich ist das dritte Buch ein **Roman über das Weltall** (GOETHE an Ch. v. Stein, 7. 12. 1781), eine ›Philosophie‹ zudem, nur bleibt auch am Ende das Subjekt unauffindbar, von dem die Bildungsidee ihren Ausgang nahm und auf das sie zielte. Und das nicht nur, weil die Lehre von der Allsympathie über Krulls Bewusstsein hinausgeht[44], sondern weil der Zweifel an der Realität eines geschlossenen Subjekts überhaupt fortbesteht. Die Krise des Subjekts aber begründet die Krise des Romans in der Moderne.[45] Die Parallelaktion von Schelmenstück und Weltdeutung ist der Ausdruck dieser Krise. Sie überschreitet den Handlungsrahmen und reißt eine utopische Perspektive auf, ohne eine Möglichkeit der Vermittlung der ›Idee‹ aufzuzeigen. Die polyphone Struktur zeigt beides: den Zerfall des Subjekts in Krull und die kreisende Beschreibung des utopischen Ziels. Aber auch die ›Lehre‹ ist keine Wahrheit, sondern eine Hypothese, gleichsam im Konjunktiv vorgetragen. Der Roman der Moderne muss sich wegen der Abwesenheit eines vorgegebenen Sinnes systematisch selbst erklären, was es mit der Wahl und mit ihm selbst auf sich haben könnte. Roman und **étude philosophique**, das hat Proust notiert[46], sind in der Moderne nicht zu unterscheiden. Nur ist diese Philosophie kein Ergebnis, sondern ein Prozess. Die Gegensätze lösen sich nicht auf. Die Frage, ob Krulls Selbstbezogenheit und

Ichlosigkeit einerseits, seine Auserwähltheit und sein Glück andererseits, die Urfrage THOMAS MANNS, ob Selbsthass und Menschenverachtung wie Selbstliebe und Sympathie vermittelbar sind, bleibt philosophisch unbeantwortet.

Nur schafft der Roman ein Zeichen, das der Struktur der Parallelaktion entspricht: Es ist das Zeichen des ›Doppelten‹. Zeichen des Doppelten häufen sich am Ende bis in die sprachlichen Einheiten: Die Zouzous, Zazas, Froufrous und Loulous sind nicht nur alberne Erfindungen der Sprachfantasie. Doppelgänger entstehen; Doppelleben werden geführt; doppelgeschlechtliche Wesen mehren sich; Doppelbilder von Schwester und Bruder, Mutter und Tochter bestreiten und sollten in Zukunft die Handlung bestreiten; und Krull selbst wird zum Superzeichen der Androgynie. Nur das Doppelte könnte alle Antithesen THOMAS MANNS versöhnen. In seiner utopischen Einheit könnte es voller Zweideutigkeit eindeutig sagen, worauf es mit dem Weltprozess hinaussoll. Gegensätze aber heben erst im Unendlichen sich auf.

2.5 Pläne zur Fortsetzung des Romans

Es liegt in der Natur dieses Unterfangens, dass der Roman Fragment bleiben musste. Der Fragmentcharakter ist dem späten THOMAS MANN bewusst und von ihm eingeplant. **Zum Fertigmachen von Natur nicht bestimmt,** bleibt der Roman **weit offen stehen**[47], weil er sich nicht schließen lässt.

Trotzdem gibt es aus der Anfangszeit der Arbeit am Roman Pläne zur Fortsetzung, aus denen Hans Wysling das Gerüst erschlossen hat.[48] Hinweise darauf geben der Roman selbst, Äußerungen und Kommentare THOMAS und Katia MANNS in Briefen und das erhaltene Notizenmaterial sowie Exzerpte aus dem Reisetagebuch der Hedwig Dohm-Pringsheim, der Schwiegermutter THOMAS MANNS, die 1907/08 Südamerika bereist hatte. Die Reise Krulls, während der er sich mit Falschspiel und Diebstahl beschäftigt, sollte, wie angekündigt, von Lissabon nach Argentinien zu Meyer-Navarro gehen. In den Geschwistern wäre ihm erneut ein Doppelbild begegnet, von denen das eine wohl mit dem Stierkämpfer Ribeiro identisch sein sollte. Diese Episode wäre mit Erlebnisbeschreibungen aus dem Reisetagebuch garniert worden. Die Reise hätte weiter über Rio de Janeiro, New York, San Francisco und die Sandwich-Inseln in den Osten und zurück über Ägypten und Konstantinopel geführt. Gipfelpunkt der Weltumseglung wäre wohl eine Audienz beim Papst gewesen: Wer möchte bei diesem hermetischen Geplauder nicht dabei gewesen sein? Zurück in Paris hätte Krull mit seinem nächsten Lebensabschnitt, seiner Karriere als Hoteldieb, begonnen. Auch eine Heirat ist vorgesehen: Die Frau, die zur

Polyandrie neigen soll, stirbt an Schwindsucht. Den verhafteten Krull hätte THOMAS MANN seine Weltliebe nicht verlieren lassen. Als seine Frau erkrankt, wird Krull an ihr Sterbebett geführt, entflieht schließlich aus dem Gefängnis, entkommt nach England und lässt sich in London nieder. Dort genießt er das Erbe seines Paten. In dieser Situation beginnt der früh gealterte Vierzigjährige seine Bekenntnisse zu schreiben.

Diese Pläne stammen von 1910 und sind, wie die vollendeten Passagen und ihre Anspielungen[49] zeigen, bis zum Ende nicht geändert worden. Die Konzepte entwerfen aber die Erzählsituation Krulls eindeutiger. Zwar ist auch schon im Roman von Muße und Müdigkeit (vgl. 7), von Unlust und Zweifel (vgl. 63), häufigem Ausruhen (vgl. 7) die Rede, auch davon, dass Schimmelpreester einmal in entscheidender und rettender Weise in Krulls Schicksal eingreift (vgl. 27), ebenso wird einer ersten Verhaftung (vgl. 64) und eines Zuchthausaufenthaltes (vgl. 13, 37) gedacht. Die wenigen Vorausdeutungen vermögen aber nicht, einen starken Schatten auf die Glücksbahn Krulls zu werfen. Sie erscheinen eher als ein Sichverplappern, das die **schöne Fiktion** (381), das **Bildungswerk** (89) nur zufällig stört. Eine stärkere Pointierung der Erzählsituation hätte die Identität von erzählendem und erlebendem Ich zerstört; das Erzählen hätte nicht mehr zur Hochstapelei dazugezählt, sondern wäre in die Nähe eines Rousseau'schen Moralisierens geraten; ein gescheitertes Ich hätte auf sein ehemaliges Glück desillusioniert zurückgeschaut. So aber stört kaum etwas den Kosmos des Krull'schen Immoralismus, pädagogische Fingerzeige fehlen und nichts vermag die Sympathie des Lesers für Krull infrage zu stellen. Krulls Erzählung lässt das Was, das Warum und das Wozu vergessen. Wie THOMAS MANN mit diesem Problem fertig geworden wäre, hätte er Krulls Scheitern vor Augen führen müssen, steht dahin. Jedenfalls sollte seine **glückhafte Unverwüstlichkeit** durch den Zuchthausaufenthalt nicht erschüttert werden.[50] Die Internierung fasziniert ihn als andere Form des Identitätswechsels wie schon seine Existenz als Lifttreiber (vgl. 193).

Nicht nur der Handlungsrahmen ist durch die Notizen definiert, sondern auch das Reservoir der Themen und Motive. Krull hätte sich nicht verändert. Spiel, Illusion und Traum, Identität und Entgrenzung, Eros und Glück, Schlaf und Lebensspannung, Grubenfahrt und Auferstehung, Allsympathie und Panerotik wären die Themen geblieben. Nur wird Krull im Roman, anders als in den Notizen, mehr und mehr entkriminalisiert; ihn wieder als Dieb zu zeigen wäre ein Rückfall in den Abenteuerroman gewesen. Auch Krulls Ehe mit einer sylphidenhaften, zur Schwindsucht neigenden Frauenfigur hätte nicht nur epische, sondern auch thematische Komplikationen mit sich bringen können; denn die Bedingungen einer Ehe widersprechen seiner Hermes-Rolle, die Monogamie steht in Konkurrenz zu Krulls Panerotik und die Bindung an eine Frau ist mit seiner Faszination durch erotische Doppelbilder nicht vereinbar. Aber einem solchen Konzeptionsbruch hatte THOMAS MANN wohl vorgebeugt: Die Kleine sollte Vielmännerei betreiben wie Krull seine Vielweiberei und Krull ob seiner Vielgestaltigkeit lieben. Nach fünf Jahren wäre ihr Gastspiel auf Erden beendet gewesen.

Zum Fragment geboren musste der Roman ein vorzeitiges Ende finden, nicht so sehr, weil er **ein heikelstes Balancekunststück** des Stils war, sondern weil er als zyklischer keinen Gedankenfortschritt mehr hätte leisten können. Kuckuck hat die **groß' und kleine Welt** abgeschritten und theoretisch vorweggenommen. Wäre Krull diesem Mentor noch weiter gefolgt, hätte er diese Theorie nur noch nachvollzogen. Eine neue Reihe von Abenteuern hätte Spannungs- und Belustigungseffekte enthalten, aber an ideeller Substanz nicht gewonnen: Alles war gesagt, und was *nicht* gesagt war, ließ sich in Worten nicht sagen.

3 Krulls Rollen

3.1 Krull als pícaro

Was den Schelm und den Schelmenroman ausmacht, ist zwar nicht unumstritten.[51] Gleichwohl hat sich ein **pikaresker Mythos** (Guillén) herausgebildet, ein Durchschnittswert pikarischen Traditionsgutes, den zu skizzieren für unsere Zwecke ausreichen soll. Denn nicht selten wurde der Versuch gemacht, das Geheimnis von Krulls Maske dadurch zu lüften, dass man sein Charakterbild mit dem des Helden des Schelmenromans verglich.

Dieser wurde als Kind schon in den Fluss des Lebens ausgesetzt, musste, arm und meist verwaist, eine Welt erobern, ohne dass ihn eine Erziehung darauf vorbereitet hätte. Mit allen Mitteln, auch den moralisch zweifelhaften, sucht er sich in einer korrupten Gesellschaft zu behaupten, ohne diese Gesellschaft selbst infrage zu stellen. So beginnt der Kampf eines *underdog* um Selbsterhaltung und gesellschaftliche Anerkennung, das schelmische Abenteuer, das den Protagonisten bald oben, bald ganz unten, in allen Bereichen, Berufen und Ständen, in Glück und Unglück zeigt. Unmotiviert-zufällig gerät der Taugenichts von der einen Episode in die andere. Bindeglied zwischen den Episoden ist allein die entwicklungslose, nur die Rolle wechselnde Zentralfigur, die im Fluss der Zeit mitgerissen wird. Weil der pícaro zugleich der Erzähler ist, bestimmt und korrigiert seine Perspektive die des Lebens. Die betont subjektive Erzählweise bindet den Leser möglichst eng an das erzählende Ich, zielt auf Distanzverlust und zwingt in die Froschperspektive, in der das Kleine, die Plackereien des alltäglichen Lebens, groß erscheint. Sieht man vom *Lazarillo* ab, so betrachten vor allem seine barocken Nachfolger die Seefahrt des Lebens vom Standpunkt des Hafens, des Lebenszieles aus, haben der Welt schon ›Adieu‹ gesagt und setzen nach einer reuevollen Umkehr ihre eigene pikarische Laufbahn in ein kritisch-moralistisches Licht.

Man wird einige dieser Gattungsmerkmale in *Krull* und Krulls Lebenslauf wiedererkennen können. Doch ist mit so schlichten Mitteln einer Kunstfigur nicht beizukommen, die alle Möglichkeiten der Welt in sich zu bergen behauptet. Sie ist weniger und ist mehr als ein Schelm. Sie kann gar kein Schelm sein, obwohl sie nach dem Kuckuck-Gespräch redensartlich so genannt wird (vgl. 353), weil ihr die ungebrochene Naivität pikarischer Existenz abgeht. Als er ›Schelm‹ genannt wird, ist Krull längst über sich hinaus- und in die Rolle des Hermes hineingewachsen. Krull führt ein hypothetisches Leben, ein Leben im Experiment. Er leidet nicht unter seiner randständigen Existenz, die sozialen Verhältnisse üben keinen Leidensdruck auf ihn aus, existenzielle Erfahrungen hinterlassen keine Spuren auf seiner geistigen und seelischen Physiognomie. Das Erlebnis, das ihn den Wechselfällen der Welt aussetzt, erfährt er als Befreiung, nicht als Schicksalsschlag. Krull ist kein *outlaw,* weil ihn die Gesellschaft dazu macht, sondern von Natur aus. Die gesellschaftliche Isolation der Familie bewirkt nicht seine Einsamkeit, sondern sein natürlicher Narzissmus und die Gesellschaft befinden sich in einer von vornherein sinnvoll gefügten Harmonie. Krull ist tatsächlich sein **eigen Werk,** weil der Charakter durch die vorgeburtlichen Entscheidungen des Ichs, nicht durch Erfahrung, Erziehung, Gesellschaft geprägt ist. Auch kann Krull nicht als Repräsentant einer Gesellschaftsschicht gelten. Der soziologische Ort seiner **Häuslichkeit** lässt sich nicht exakt definieren. Krull entstammt einer soziologischen Zwischenspezies. Der *pícaro* müht sich ab mit der Welt als Vorstellung, tut alles um den Kausalnexus seiner Herkunft zu durchbrechen, tritt in alle Fettnäpfchen, die die Gesellschaft aufstellt, kämpft um Existenz und Besitz, leistet eine Sisyphosarbeit, wo Krulls Aufstieg vorherbestimmt ist und keiner Korrektur bedarf. Selbst dass auch Krull die Talsohle der Gesellschaft durchwandern muss, macht noch nicht, dass der Glückspilz ein **Duell mit der Gesellschaft**[52] auf sich nimmt. Alles Gesellschaftliche, dem er begegnet, ist ein so gleichgültiger Schein, dass auch der Impuls fehlt, sich gegen Entrechtung und Entmachtung zu wehren. Im Gegenteil, Krulls Betrügereien trügen auch deshalb, weil sie nicht auf satirische Vernichtung, sondern aufs Amüsement aus sind, das sich aus der Selbstbestätigung durch den gelungenen Coup nährt. Deshalb kennt Krulls Prosa den quälenden Realismus des Schelmenromans nicht: Krull spielt alles mit; als Zuhälter und *groom,* Kellner und Liftboy durchstreift er die Subkultur, ohne dass deren Brutalität ihn berührte. Armut und Dürftigkeit, Angst und Bedrohung, Einsamkeit und Kriminalität überdeckt der Glanz des schönen Erzählens; am Ende lässt selbst das Zuchthaus Glückszustände zu. Und das Abenteuern im Geist, zu dem sich Krulls Weltfahrt auswächst, macht den kriminellen Auslöser der Weltfahrt fast vergessen. Die Perfidie von Krulls Erzählen besteht gerade darin, dass auch der Erzähler, am Ende seiner pikarischen Laufbahn angelangt, nicht über sein ehemaliges Ich moralisierend herfällt; die Kritik an der gesellschaftlichen Moral zeitigt keine neue Moral, keinen neuen Standpunkt, von dem aus kritisiert werden könnte. Deshalb auch hat THOMAS MANN Krull nicht nur entkriminalisiert, um ihn zu entlasten und beim Leser Sympathien zu erwecken – wie es die Strategie des pikarischen Romans war –, sondern weil er ein ›würdigeres‹ Betätigungsfeld sucht, als einen Kriminellen im Kampf mit der Gesellschaft zu zeigen. Die

Polyphonie des Romans und die komplexe Anlage der Zentralfigur garantieren, dass Krull wie ein Schwamm viele weitere Funktionen aufsaugt, unter denen die der ästhetischen Existenz die dominierende ist.

3.2 Krull als Künstler

Für Zeitgenossen THOMAS MANNS war es viel plausibler als für den heutigen Leser, in einem hochstapelnden Lümmel eine Allegorie und Parodie des Künstlers wiedererkennen zu können. Im bürgerlichen Jahrhundert hatten Medizin, Philosophie, Kunst und die gesellschaftlichen Institutionen daran mitgewirkt, Künstler und Bürger in einen Antagonismus zu setzen, der den Künstler in die Position des gesellschaftlichen Aussteigers verwies. Die Spannung von Freiheit und Anpassung, L'art pour l'art und sozialer Verpflichtung, wurde am Ende nicht mehr als die dem Künstler ureigene Spannung verstanden, sondern auf die verschiedenen Rollen des Künstlers und des Bürgers verteilt. Die, denen es gelungen war, Künstler zu sein und zugleich mit ihrer gesellschaftlichen Verantwortung Frieden zu schließen, fielen weniger ins Auge als die, die den romantischen Gegensatz von Künstler und Philister so forcierten, dass er synonym wurde mit dem von Normalität und Abnormität, Gesundheit und Krankheit, Fortschritt und Dekadenz. Im politischen Reizklima des zweiten Kaiserreiches gelangt diese Entwicklung auf den Höhepunkt. Die Serie von gescheiterten Revolutionen, die dem 19. Jahrhundert sein Gepräge gibt, fundamentiert die Machtlosigkeit der Intelligenzija wie der Künstler. Auf die Brutalität der Hegemonialpolitik, des Militarismus und der Wirtschaftsgesetze reagieren viele Künstler mit politischer Enthaltsamkeit und innerer Emigration. Verschreckt von den lauten Tönen des Patriotismus und des Sozialdarwinismus überhöhen sie die Bürgerwelt des Profits und des Lebenskampfes ins Metaphysische und identifizieren sie mit dem, was sie unter Leben verstehen. Sie kultivieren stattdessen ihre seelische Welt, fühlen dem Fiebern ihrer Nerven nach, produzieren Stimmungskunst und impressionistische Skizzen. Unbeschränkte Freiheit, berufliche Ungebundenheit, Vagabundieren, libertine Erotik, exotische Genüsse, raffinierte Steigerungen der Sensibilität, Drogen und Opiate staffieren ein künstliches Paradies aus, in dem die Außenseiter sich ins Übermenschliche hineinfantasieren.[53]

In diese Welt wuchs THOMAS MANN hinein: In Lübeck lernte er das Leben der Bürger kennen, in Schwabing die Gegenkultur. Und er suchte geflissentlich nach Eideshelfern, die dem **schwanken** Gemüt die Erfahrungen bestätigten. Er kannte sowohl die Heiligsprechung des Künstlers als auch seine Verdammung zur Hölle. Sein Hausphilosoph SCHOPENHAUER hatte den Künstler zum Genie erklärt, das den Menschen von seinem leidigen Dasein erlösen kann; NIETZSCHE hingegen fühlte sich von RICHARD WAG-

NER so enttäuscht, dass er ihn zum Musterbeispiel des modernen Künstlers erklärte und einen *décadent* nannte, einen Schauspieler, der nur noch so tut, als besitze er die geniale Fähigkeit, ein lebensvolles Werk zu schaffen. Beide Künstlertypen verbindet ein elementares Manko: Sie wurzeln nicht im Leben. Das Experiment, das nun aber THOMAS MANN mit Krull durchführen will, ist künstlerische Begabung mit Lebensfähigkeit zu versöhnen. In GOETHE glaubte er ein Vorbild entdeckt zu haben, das beides, Genienatur und Lebenswürde, in einem prekären Balanceakt vereinigte. Unter NIETZSCHES Entlarvung des Schauspieler-Künstlers hat THOMAS MANN gelitten, weil er in WAGNER sich selbst erkannte. Krull sollte ein anderer WAGNER werden und als Hochstapler WAGNER-Kunst ins Werk setzen. Aber Krull sollte auch das Glück besitzen, unter dieser Natur nicht leiden zu müssen. Er sollte sich selbst erlösen, ohne – wie SCHOPENHAUERS Künstler – ins Nirwana einzugehen, sondern – wie der Künstler des frühen NIETZSCHE – den ästhetischen Schein als die einzige Rechtfertigung seines Lebens zu akzeptieren. Eine immense Aufgabe, die da dem Lümmel aufgebürdet wird! Krull soll verwirklichen, wovor WAGNER gekniffen hatte: auf eine moralische Weltdeutung verzichten und doch die Welt als ästhetische genießen.

In *KRULL* parodiert THOMAS MANN also zunächst den dekadenten Künstler und damit auch immer RICHARD WAGNER. Von Hause aus schon ist Krull zu einer Zwischenspezies zwischen Bürger und Künstler berufen. Er wächst auf in einer lasziven, genusssüchtigen Bohème. Durch des Vaters Geschäftsgebaren und des Paten Hinweise auf Phidias an die Personalunion von Künstler und Kriminellem gewöhnt, ist er in einer dekadenten Atmosphäre zu Hause. Er wächst in der Einsamkeit mit seinem Ich auf: vom Leben, von Freunden, Mitschülern, gesellschaftlichen Institutionen wie Schule, Militär, Beruf abgetrennt. Anders als die anderen bezieht Krull aus dieser Isolation sein aristokratisches Selbstbewusstsein, indem er sich metaphysisch als **Vorzugskind des Himmels** (13) rechtfertigt. Traum- und Fantasiewelten kompensieren den Weltverlust. Das Überwiegen der Selbstkontrolle ermöglicht die Vergewaltigung der natürlichen Funktionen des Körpers. Die **fast übernatürliche Wirkung** (15) des Äußeren ersetzt alles andere: Krull ist mit den Mitteln des Intellekts reiner Wirkungskünstler. Er konstruiert – wie WAGNER – den Rausch mit künstlichen Mitteln. Nicht das organische Werk klassischer Zeitabläufe ist das Ergebnis, sondern das Artefakt, das – NIETZSCHE entsprechend – zusammengeklaubt ist aus aberhundert Einzelinspirationen. Wie Krull Sprachkenntnisse simuliert, so hat WAGNER in NIETZSCHES Sicht komponiert: miniaturistisch, einzelne Motive und Phrasen zu einem künstlichen Ganzen kombinierend. Krull und WAGNER holen sich wie diebische Elstern zusammen, was sie brauchen: Sie schaffen nicht aus der Natur, sondern gegen die Natur. Ihr Reservoir sind die Vorbilder der Tradition. Was Krull an wissenschaftlichen Informationen, philosophischen und mythologischen Brocken aufschnappt, wird sogleich absorbiert und in Ausdruck umgesetzt. **Solche parodistischen Talente und Gaben burlesker Travestie** dienen **pour corriger la nature** (361 f.). WAGNER wie Krull sind keine Erlebniskünstler, sondern Parodisten; sie schaffen nicht, sondern imitieren. So entsteht eine neue Welt, die aus den Mosaiksteinen der alten zusammengesetzt, komponiert ist wie das Gesamtkunstwerk.

Deshalb findet Krulls erster großer Auftritt im Tivoli statt: Ein Proteus führt da den mit Vaseline bestrichenen Geigenbogen über die Saiten. Mit **lauschend-gestaltende[r] Miene** (22), mit einer Geste, in der Schöpferisches und Imitatives ununterscheidbar für den Zuschauer vereint sind, erzeugt Krull das Wunderbare, mit dem der Mimikrykünstler die Vernunft betört. Der Künstler selbst ist der Endzweck der Kunst, er selbst das Kunstwerk, um dessentwillen die Opernstücke (vgl. 22) des Lebens gespielt werden.[54] Deshalb auch übertrifft der Theaterbesuch des jungen Krull alle sonstigen ›bildenden‹ Einflüsse: Müller-Rosé ist hier der Name, der für RICHARD WAGNER steht. Müller-Rosé, der Typus des Schauspielers schlechthin, wird mit allen Mitteln von NIETZSCHES Entlarvungspsychologie abgeschminkt. Theaterbau, Theaterstück, Schauspieler, Publikum und Wirkung seziert die Psychologie des Beobachters unter wechselnder Optik. Der Künstler erscheint als **Traum- und Musterbild** (29) und hinterm Schein liegt das Sein des pickligen, vereiterten, infantilen, vulgär-ordinären, wirkungssüchtigen und selbstbezogenen Kretins. Unterm musikalisch-erotischen Zauber der Operette verfallen die Blusenmädchen und Ladenschwengel dem Rattenfänger, identifizieren sich bis zur Selbstvergessenheit und lassen sich bis zur Verblödung illusionieren.[55]

Obwohl episch gestaltet, ließen sich alle Auftritte Krulls als **Auftritte** auf einer Bühne lesen. Krulls Selbstinszenierung ist sein Kunstwerk. Sein Lebensgestaltungsprozess, eine Schöpfung **aus dem Nichts** (43), entspricht dem Werkgestaltungsprozess des Künstlers. Krulls Buhlerei um die Welt nimmt solche Formen an, dass seine Auftritte wie Orgasmen ablaufen.[56] Die **Niedergeschlagenheit** (54) am Ende der Maskeraden, die Müdigkeit nach der Spannung des Tagesgeschäfts (vgl. 212), die innere Leere nach dem Rollenwechsel (vgl. 267) zeigen, dass der Schaffensprozess nicht nur bildlich als eine **hochzeitliche Begegnung** (36) mit der Welt abläuft. Hat WAGNER die Sinnlichkeit in der Musik zur Herrschaft gebracht, so ›bemeistert‹ Krull die **Metze** Welt ausschließlich mit den Mitteln des Eros.

Da nun aber Krulls Werk sein Leben ist, ist das Grundübel des dekadenten Künstlers, vom Leben abgetrennt zu sein, von Anfang an gebannt. Zwar wird GOETHE im Roman ebenso wenig wie WAGNER genannt, doch enthält Krulls Biografie deutlich Elemente der GOETHE'schen, so deutlich, dass die Nennung des **Geistesfürsten von Weimar** [57] in der Urfassung eliminiert wurde. Als Sonntagskind nämlich ist Felix ein anderer GOETHE, erwählt durch die Natur (vgl. 124), mit GOETHES angeborenen Verdiensten und natürlichen Vorzügen ausgestattet (vgl. 69 f., 126 f. und X, 559), universal von Veranlagung, von Sprachkenntnissen angeflogen wie der Olympier, ein Meister im Spiel der Einbildungskraft, dem Theater und Maskenspiel verpflichtet, mit der Einsamkeit vertraut und ein ›Augenmensch‹ wie der malende Dichterfürst: zum Sehen geboren, zum Schauen bestellt. Dann verlebt Felix einen Teil seiner Jugend in Frankfurt, zieht – wie GOETHE nach Leipzig – in die Welt zu Michaelis (vgl. 125) und wird am Ende nobilitiert.[58] Und schließlich hat er des Meisters Werk *(DICHTUNG UND WAHRHEIT, WILHELM MEISTER, FAUST)* wie des Meisters Stil vor seinem Auge, auch wenn er nur so drauflos zu schwadronieren scheint.

Natürlich färbt die Parodie – ein Hochstapler als zweiter GOETHE! – auch auf GOETHE ab. Doch in aller Parodie bleibt erhalten, dass Krull zum ›Erwählten‹, zum Vorzugskind der Natur geadelt wird. Erwählt wie GOETHE ist er, weil er die **Weltfrömmigkeit** (vgl. 17), auf die er sich beruft, von GOETHE geerbt hat. Erwählt ist er, weil sein Wirken sich auf die Welt und nicht auf den Rückzug vor der Welt richtet (vgl. 12). Und er ist es ja, der der Welt zur Freude **Schönheit, Form, Bild und Traum** (371) zum Daseinszweck aufwertet. Für diesen Dienst am Leben steht im Roman der Begriff der Form. Alles Unförmige, so THOMAS MANN, alles Nicht-Geformte, ist nicht Form des Lebens, sondern Form des Nichts. Krulls Lebensdienst ist synonym mit seinem Willen zur Form, zur soldatischen Existenz (vgl. 112), die sich dem Nihilismus in Leben und Kunst entgegenstemmt. Leben und Werk gehorchen demselben Gesetz, einem trotzigen **Trotzdem,** das das an sich Wertlose des Daseins zur **Aufgabe** (65) der Gestaltung macht. Dieser Gewaltstreich gelingt nur, weil Krull die Kind-Natur des Genies zeitlebens bewahren darf. Er hat das kindliche Glück, sich selbst jeweils neu als Kunstwerk schaffen und umschaffen zu dürfen. Krulls Glück besteht in der Märchenmöglichkeit, alles sein zu können. Er ist nicht mehr der Affe Wagner, sondern ein Wagner im Glück, der durch seine Schauspielerei **Lebensfreude** durch **Verklärung** der Wirklichkeit schafft, ein Akt, in dem Schauspieler und Zuschauer in einer **hochzeitlichen Begegnung** des Einverständnisses zusammenfinden (36).

3.3 Krull als göttliches Kind

Felix' Name spricht von märchenhaftem Glück.[59] Im Märchen gelingt ihm, was dem **Kroppzeug** (126) versagt bleibt: **übernatürliche** Wirkungen (15) hervorzurufen. Ein **Sonntagskind** will er heißen, obwohl er dem Aberglauben sonst abhold ist. Er beruft transzendente Instanzen, eine **schaffende Macht** (50), die auch ›**Vorsehung**‹, ›**Schicksal**‹ oder ›**Himmel**‹ heißt, wenn er sein **Glück** (13) erklären will. Dem **Glückskind aus dem Märchen**[60] fallen die **Schätze des Märchenlandes** (84) zu. Es steht in der Welt wie in dem Delikatessenladen, den es bestiehlt (vgl. 49). Tischlein-deck-dich, Sesam-öffne-dich, das Schlaraffenland, Aladins Wunderlampe und was noch haben hier ein Supermärchen geschaffen, in dem sich Krull wie zu Hause fühlt.[61]

Der Märchenheld kann Dummkopf sein wie Schlaukopf, Müllerssohn und Graf; ihn kennzeichnet die Ambivalenz: Die Gegensätze von Sein und Schein sind in ihm vereinigt, der Gestaltentausch gehört zu seiner Existenz wesentlich dazu. Er ist ein kindlicher Wanderer, der Karriere macht. Sein sozialer Aufstieg erlöst ihn von der Leidenswelt zu seinem eigentlichen Sein. Er ist der Begabte im eigentlichen Sinne des Wortes, eben ein Vorzugskind der schaffenden Macht; er tut das Richtige, ohne sich durch besondere Verdienste darum verdient gemacht zu haben. Im Glück ist Hans allein: Er nimmt sein Glück für selbstverständlich; weil alles, was geschieht, um seinetwillen geschieht.[62] Beziehungslos ist er doch ein **universal Beziehungsfähiger. Er ist isoliert und gleichzeitig allverbunden.**[63] Am Ende findet er sich in einem sinnvoll geordneten Kosmos: Das Happyend rechtfertigt durch das Glück des Helden das All. So repräsentieren Märchen wie Mythen Menschheitsträume, zeigen eine **zwingende, wirksame Wirklichkeit** (43), in der die Gesetze des Alltags aufgehoben sind. Sie haben eine philosophische Komponente, wenn sie Raum, Zeit und Kausalität durchbrechen. Mit den Gesetzen der Alltagswelt heben sie das Gesetz des Leidens auf. Deshalb verbindet sich die Märchenexistenz Krulls mit seiner Künstlerexistenz: Der Künstler Krull gewinnt über die Urtypen des Märchens das Orientierungsschema seines Lebens, das ihn vom Leiden des Künstlers befreit. Deshalb auch kann das Märchenschema überlagert werden von mythischen Strukturen, weil beide dieselben Voraussetzungen haben. Jenseits von Raum und Zeit gewährt es die nämlichen Lebensbedingungen wie die mythische Welt. Märchen verwandeln sich bei Thomas Mann in Mythen und Mythen in Märchen.[64]

Zwar ist das Märchenthema von Anfang an im Roman angelegt, es wird aber ganz besonders im siebten Kapitel des zweiten Buches forciert, mit dem Thomas Mann 1951 nach der Umarbeitung der vorhergehenden Episoden das Manuskript fortsetzt. Dies Kapitel mit Krulls Grenzüberschreitung hat Schwellencharakter, nicht nur weil Krull die Grenze seiner bisherigen feinbürgerlichen Existenz zum Märchenland der unbegrenzten Möglichkeiten übertritt, sondern weil mit ihr auch die Grenze von der alten zur neuen Konzeption überwunden werden soll: Der Held soll ins Märchenland so eintreten, dass es sich in ein mythisches Reich ausweiten kann. Krull entwickelt sich beim Grenzübertritt zurück zum **enfant** (132), sinkt in die Namenlosigkeit ab (vgl. 144, 157), verliert seine Identität[65], um später von Mme. Houpflé in Hermes umgetauft werden zu können. Mit Mme. Houpflés Juwelen fällt ihm, mehr durch **ein Geschehen** denn **ein Tun** (130), wunderbarerweise also, der Hort zu, der ihm die Bewegungsfreiheit im Wunderland erst ermöglicht. Dem **Wanderer** im Labyrinth der Weltstadt hilft allein ein **Mütterchen,** das zur Familie der Feen und Nornen gehört, im Frosch schon den Prinzen erkennt, ihm den rechten Weg weist und den mythischen Segen erteilt: **Dieu vous bénisse, mon enfant!** (132) In Stanko, dem mit allen Wassern der Unterwelt gewaschenen Hehler und Dieb, gewinnt der **Glückspilz** (205) den märchenhaften Assistenten, der, ob er will oder nicht, dem Dummling den Weg bahnt zur **Rue de l'Échelle au Ciel** (149), zur Himmelsleiterstraße. Hinter der **Cimetière** gelegen, führt sie direkt in den Himmel des Identitätswechsels, da die Verwandlung des Schatzes in bare Münze Krulls Doppelleben garantiert.

Von da an kann alles seinen mythischen Gang gehen. THOMAS MANN nannte schon in den *BETRACHTUNGEN* den Taugenichts ein Gotteskind, als sei er ein Felix, und wusste, dass Eichendorffs Held einiges mit dem **WAGNER'schen Waldknaben** gemeinsam hat (XII, 381). Auch weiß er, dass WAGNER seinen Siegfried mit Dornröschen-Zügen ausgestattet hat (vgl. XII, 847)[66], sodass er, THOMAS MANN, diesen Prozess umkehren und sein Märchen vom Träumerhans mit Siegfried-Zügen überhöhen kann.[67] Schon im Dachstübchen des Hotels, wo Stanko auf Krull trifft, beginnt die Überlagerung der Anspielungsmodelle, die den Weg Krulls vom Märchenland ins mythische Reich mit Wegzeichen versieht. Denn wer ist es, der da sein Schatzkästlein untersucht und sich dabei belauschen lässt? Niemand anderer als Siegfried, der gerade Hort, Ring und Tarnkappe gewonnen hat, gedankenvoll seine Beute betrachtet und von Mime, dem tückischen Zwerg, der dem Dummling den Schatz abschwatzen will, beschlichen wird.

Aber THOMAS MANN will noch mehr demonstrieren. Sein Mythosinteresse ist darauf aus, Abhängigkeiten und Analogien im mythischen Erzählen und Wissen der Menschheit zu entdecken, um sich so dem zu nähern, was er Mysterium nennt: der nie ganz erfassbaren Wahrheit von menschlichen Urgegebenheiten. So verleiht er Krull im Nachhinein auch die Weihe eines Hermes. Was ihn dazu reizte, war das Urkind-Mythologem Karl Kerényis und C. G. Jungs.[68] Denn Krull passt in den aus den Mythologien herauskristallisierten Typus des Gottes, der wesenhaft Kind und damit Bild der Welt von ihrer eigenen Kindheit ist. Die Infantilität Krulls, die kein biografisches Durchgangsstadium, sondern ein ursprüngliches Charaktermerkmal seiner Künstlernatur war, fand hierin eine Legitimation und Erhöhung zum archetypischen Menschheitstraum vom spielerischen, zwangsfreien, vorindividuellen Urzustand. Der Kindgott, und nicht Apollo, hat die Leier erfunden und damit die Kunst. Krulls Künstlernatur war damit in die Gottnatur aufgenommen wie auch sein Hang zum Betrug und zur Weltblendung. Einerseits ist Hermes der Gott der Diebe und Betrüger, andererseits aber auch als Künstler der Gott der Ordnung und der Form. Er verbindet in seiner Natur das Unbewusste träumerisch-erotischer Weltbeziehung mit der Klarheit des Geistes und der Schönheit der Gestalt. Deshalb hat THOMAS MANN ihn immer wieder als den Gott der Beziehung zwischen den Seinsbereichen, als Mittler und Vermittler, als schwebendes Wesen gepriesen, als einen Gott in Menschengestalt, der wie kein anderer für den Menschen geeignet ist Götter zu imitieren. So nimmt der Hermes-Mythos Züge eines Erlösungsmythos an. In seiner erotischen Form der androgynen Gestalt, als Hermaphrodit, bildet Hermes die Utopie eines heilen Zustandes ab, eine **Vereinigung der stärksten und auffallendsten Gegensätze.** Als **Symbol der konstruktiven Vereinigung der Gegensätze** weist er voraus in die Zukunft einer Selbstverwirklichung menschlichen Wesens. Als **Konflikte überwindender Heilsbringer**[69] verspricht Hermes die Lösung aller Urkonflikte THOMAS MANNS in einem utopischen Vorschein.

Daraus entwickelt sich die Grundidee des Kuckuck-Gesprächs, das die neue Hermes-Rolle Krulls interpretiert und als utopisches weit über den Bewusstseinsstand und die gegenwärtige Form Krulls hinausgeht.

> **›Oh, Hermes‹, erwiderte er. ›Eine elegante Gottheit. […] Und maßvoll als Gebilde, nicht zu klein, nicht zu groß, von Menschenmaß. […] Mystiker der Verhältnismäßigkeit wollen wissen, daß der Mensch – und also der menschengestaltige Gott – nach seinem Wuchs die genaue Mitte halte zwischen der Welt des ganz großen und der des ganz Kleinen. […]‹** (279 f.)

Form, Gestalt, Schönheit, Proportion, das sind die Attribute, die Krulls Existenz Sinn verleihen und Krull berechtigen, in eine göttliche Familie aufgenommen zu werden. Des Menschen Stand ist in der Mitte, wenn er göttlich sein will: Alle Extreme vereinigend und überschauend hält er das Gleichgewicht im tumultuösen Fest des Seins. Im mythischen Scherz war Krull ja schon seit Beginn seines Pariser Aufenthalts vermittelnd tätig: Als Lifttreiber setzte er Oben und Unten, Ober- und Unterwelt in Beziehung. Im Ascenseur beginnt die **Carrière eines Gottes**[70], die Mme. Houpflé vorausahnt und die, unbeschadet aller Gefährdungen, in der Erhöhung durch Venosta gipfelt: **Diese Handlung, ein pantomomisches ›Sei wie ich!‹, erweckte zu viele Erinnerungen an bereits unserem Kindersinn vertraute Einkleidungs- und Erhöhungsgeschichten, als daß sie mich nicht eigentümlich hätte ergreifen sollen.** (264 f.) Wenn Krull dann später **in beflügelnden Schuhen** (354) auf dem Tennisplatz mit dem Spiel sein Spiel treibt oder vor Dom Carlos steht wie der weise Joseph vor Pharao und über die schöne Form von Kunst, Natur und Gesellschaft Hermetisches zum Besten gibt, wenn er seine **parodistischen Talente** (361) entfaltet oder bei Männern wie bei Frauen die gleiche Anziehungskraft des Androgynen ausübt, wenn er überall in seiner neuen Welt die hermaphroditischen Gestalten des Doppelbildes wieder entdeckt oder mit hermetischer Sprachgewalt die Wunder des Eros preist, dann hat ein Gott Karriere gemacht und den schmutzigen Erdenrest von sich geworfen. Dann ist geschehen, was Loulous Mutter **corriger la nature** (362) nennt und was bei Lessing **corriger la fortune** heißt.

Weil Krull das göttliche Kind ist, kann er Hermes und Siegfried zugleich sein. Im mythischen Bereich haben die Gegensätze zwischen dem nordischen Muskelprotz und dem olympischen Leichtfuß keine Gültigkeit. Siegfried-Krull ist natürlich der Siegfried RICHARD WAGNERS: der ursprünglich von der Weltordnung schlechthin freie Mensch und Spross Wotans, der das Fürchten nicht kennt, den Drachen bezwingt, Hort (Mme. Houpflés Schatzkästlein), Tarnkappe (seine Dandygarderobe) und die Macht über die Welt mit dem Ring (dem Geschenk Venostas) erobert, also gerüstet Wotan (Kuckuck) begegnet, sich von ihm belehren lässt, ihn aber schließlich aus dem Weg räumt, Brünnhilde, die unbotmäßige Gottestochter (Mme. Houpflé, aber auch Maria Pia Kuckuck) aus dem Flammenschlaf erweckt und sich zum Weibe macht. An seiner Stelle steigt Ribeiro, sein Alter Ego, der Mann der Schönheit und der Eleganz, in die Arena und lässt die Welt der Form über die **Unterwelt** des **Tiergottes** (389) triumphieren. Kuckuck interpretiert dies Tieropfer als Sieg des jugendlichen Sonnengottes über die Mächte der Finsternis (vgl. 394 f.): Die freie Kunst überwältigt das bindende Chaos der Unform. Krull nämlich ist kein Schlagetod mehr wie der Siegfried WAGNERS, sondern (wie der Gott des Stieres, Mithras) die Inkarnation des Sonnengottes, die Verkörperung der Schönheit und der Kunst. Für Krull gilt, was THOMAS MANN dem Taugenichts attestiert, den er ja ebenfalls nach dem Muster des Märchenkindes verstanden hat: **Er hat die Naivität und Freimenschlichkeit gemeinsam mit Gestalten wie dem Wagner'schen Waldknaben […]. Aber er hat [nicht] Siegfrieds Muskelhypertrophie.** (XII, 380 f.)[71]

3.4 Krull als Faust

Schließlich beginnt auch diese Geschichte THOMAS MANNS **ins Faustische auszuarten.**[72] Wenn Don Juan Krull faustische Züge gewinnt, hat das mit der gemeinsamen Suche nach dem Glück zu tun, von dem beider Name spricht. Im Finale dieses umfassenden Welttheaters um das teuflisch verjüngte Ebenbild der Gottheit sollte sich Fausts Schuld als glückliche Schuld erweisen, sodass Faust zumindest das Vorgefühl von einem höchsten Glück erahnen durfte. Fausts Rettung bedeutete eine Rechtfertigung der Weltgeschichte, an die THOMAS MANN während des Zweiten Weltkrieges nicht mehr hatte glauben können und die er im *DOKTOR FAUSTUS* – wenn auch im Sinne einer bestimmten Negation – zurückgenommen hatte. Er hatte vor allem zurückgenommen, was die Deutschen aus Faust gemacht hatten: das Vorbild für das ins Unendliche strebende deutsche Wesen, das ›Faustische‹, das am Rückfall in den Mythos des zwanzigsten Jahrhunderts nicht unschuldig war.

Sechs Jahre nach dem Ende des Weltkriegs blickt THOMAS MANN noch einmal auf den *FAUST* zurück und unternimmt den Versuch, die Verzweiflung des Moralisten angesichts der Geschichte erneut zurückzunehmen ins heitere Spiel der Kunst. So zeigt er in *KRULL* nicht den Schranken sprengenden Erkenntnis- und Wirkensdrang samt seinen weltgeschichtlichen Gefahren, sondern das unangefochtene Gelingen eines schönen und glücklichen Lebenslaufes. Die alte individualistische Frage, wie der Einsame sein Glück machen könne, weitet er jetzt aus zu der universalen Fragestellung, ob der Geschichte nicht wenigstens durch die Kunst ein Sinn verliehen werden könne, wenn er ihr schon nicht innewohne. Ein dichtes Anspielungsnetz, das aufzuknüpfen hier nicht der Ort ist[73], zeigt, dass Krull in Mme. Houpflé auf Helena trifft, dass aus ihrer Begegnung der Genius der Kunst entspringt, dass Kuckuck mit seiner Rede über den allverbindenden Eros die kosmischen Lehren der klassischen Walpurgisnacht rekapituliert und dass dieser gesamte Beziehungskomplex den Roman mit der Weltdeutung der Klassik in Verbindung setzen soll. Nur will die Parodie THOMAS MANNS, dass von Schuld gar nicht mehr die Rede ist und Felix als nahezu Nur-Glücklicher durchs Leben geht. Das ist nur möglich, weil der Sinn nicht in der Geschichte aufgesucht werden muss, sondern dem sinnstiftenden Subjekt entspringt. *FAUST* ist das Drama der ›Theodizee‹, das den Sinn des Seins rechtfertigt; *KRULL* ist ein Roman der ›Theodizee‹ als Appell an die Vernunft, das Sein vor dem Nichts zu retten. Gegen die ontologische Theodizee GOETHES setzt THOMAS MANN eine ästhetische: Den Schrecken der Geschichte im schöpferischen Spiel umzugestalten ist die Aufgabe der Kunst.

3.5 Krull als Narziss

In seinen *Metamorphosen* erzählt Ovid vom schönen Knaben Narkissos, den viele der Jünglinge und viele der Mädchen begehrten. Schön und stolz zugleich und nicht weniger dumm, lässt er sich durch das Begehren der anderen nicht rühren.[74] So muss sich die verschmähte Nymphe Echo um seinetwillen derart verzehren, dass von ihr nichts übrig bleibt als die Stimme. In spiegelnder Strafe verliebt sich Narkissos in sein eigenes Bild, das er im klaren Quell erblickt, schmachtet dahin in Sehnsucht nach Vereinigung und wandelt sich im Tode in die bekannte Blume.

In dieser Form kannte Thomas Mann den Mythos, bevor er von Freud wusste, aber er kannte seine Implikationen noch besser als Grunderfahrung seines eigenen Ichverhältnisses. Gegenüber dem mythischen Vorbild ist Krulls Narzissmus mit dem Vorzug versehen, sich seiner selbst bewusst zu sein. Ein bewusster Narzissmus kann aber nur als Widerspruch mit sich selber gelten; denn Narziss' Leiden und Ende lassen sich nur aus dem Zauber verstehen, dass er den Trug der Selbstbespiegelung nicht durchschaut. Krulls Selbstliebe ist nicht pathologisch angelegt, nicht die Bedingung seines Scheiterns, sondern der Grund des Gelingens. Die libidinösen Energien, die Krull nicht auf das Objekt, sondern auf sich selbst richtet, stehen im Dienst seiner Selbsterhaltung und Selbstentfaltung. Die Abgrenzung gegen den **Pöbel** (96) führt nicht zur Isolation im krankhaften Sinne, sondern zur **Steigerung** (46) der Icherfahrung und zur **Ausweitung** seines Wesens. Eitelkeit, Körperliebe, Lob der Schönheit, die Unzahl der Selbstschmeicheleien ermöglichen erst den Auftrieb der Fantasie und damit Krulls Versuch im Experiment zu leben. Die anderen verfallen ungeschützt der unerwarteten Dreistigkeit des permanenten Selbstlobes. Der Narzissmus Krulls stößt deshalb nicht auf Kritik, weil er vorlebt, wovon die anderen nur träumen. Die Welt tut vielmehr alles um Krulls Selbstliebe zu bestärken. Als Geliebter, nicht als Liebender (vgl. 245) genießt er die Gefühlsfreiheit der Selbstgenügsamkeit. Wie die Mücken taumeln die Frauen und Männer ins Licht seiner Schönheit (vgl. 32). Das Leiden des Narziss an seiner Unvollkommenheit ist kein Problem für Krull.

Vom Vorbild des erosfeindlichen Narkissos darf Krull abweichen, weil sein gesamtes Weltverhältnis erotischer Art ist. Der Verzicht auf Bindung und Eindeutigkeit in der Liebe zeigt an, dass Krull nicht die eine oder den anderen liebt, sondern Ein und Alles. Aus der Ich-Liebe ist All-Liebe geworden.

Keine der erotischen Beziehungen Krulls ist im sexualpsychologischen Sinne ›normal‹, Krull ist polymorph pervers. Zu den Grundregeln aller seiner erotischen Erlebnisse gehört die Verletzung gesellschaftlicher Tabus und die Rechtfertigung der erotischen Ausnahme: Vorehelicher Geschlechtsverkehr, Hurerei, Inzest, Androgynie, Sadomasochismus werden zu Zeichen der Außerordentlichkeit und Erwähltheit umgewertet. Krull gewährt nur da Liebeserfüllung, wo sie ihre Eindeutigkeit eingebüßt hat: sei es die Eindeutigkeit, auf Bindung und Ehe ausgerichtet zu sein, sei es die Eindeutigkeit einer personalen Beziehung, die das Du begehrt und akzeptiert, sei es die Eindeutigkeit geschlechtlicher Fixierung. Die Figuren, von denen Krull sich lieben lässt, zeigen schwankend-ambivalente Züge, lassen der Fantasie den Spielraum offen, in der einen viele zu lieben. Nur die Figuren, die als Echogestalten am Rande von Krulls Weg zurückbleiben, besitzen den Charakter der Eindeutigkeit: Twentyman die des heterosexuellen Gänschens, Kilmarnock die der homosexuellen Persönlichkeit.

Am Ende dann tritt Krull als sein eigener Gesetzgeber in Sachen erotischer Narziss-Moral auf und formuliert sein Gesetzbuch der Liebe in **Paragraphen** gegenbürgerlicher Liebeskunst. Adressat seiner **Rede** (379) ist Zouzou, die Unterweltgestalt, der die Position des Christentums, des Pessimismus und der Leibverachtung in den Mund gelegt wird. Wie ihr Lehrmeister SCHOPENHAUER entzaubert sie die **Poesie der Liebe** (370) als Wahn des männlichen Geschlechtstriebes. Hinter ihrem Dualismus verbirgt sich der Geist einer bürgerlichen Männergesellschaft. Krull dagegen feiert den bindungslosen Eros, der die Liebenden **aus aller Ordnung** (378) herausführt:

> **Es ist eine wahre Befreiung, die kühnste und süßeste, die es gibt, und damit sinken, man kann auch sagen: tauchen ihre Lippen ineinander zum Kuß, diesem so einzigartigen Geschehen in einer Welt der Getrenntheit und Vereinzelung, daß einem die Zähren kommen könnten.** (379)

Aufgrund des Eros streiten also paradoxerweise zwei **Naturgesetze** (377) miteinander: das des Egoismus und das der Hingabe; mit dem tragikomischen Effekt, dass die Liebe der Liebenden den natürlichen Egoismus in sich nicht überwinden kann, sondern allenfalls in einem Dritten, im Kind. Auch wenn Krull über die Liebe spricht, bleibt seine Moral ästhetisch; seine Lösung wird erkauft mit dem Verzicht auf Verantwortung, Bindung und Verpflichtung. Begann das Gespräch im Botanischen Garten im Bereich des Organisch-Natürlichen, endet es im Kloster Belém im Bereich der Künstlichkeit einer **kapriziöse[n] Baulichkeit** (375). So redet Krull denn auch mit **poetischen Worten** über die **Poesie der Liebe** (370), weil seine Panerotik sich auf **Schönheit, Form, Bild und Traum** richtet, auf **jedwede Erscheinung,** den **Schein** und die **Sinnenweide der Oberfläche** (371).

Mit seinen Paragraphen über die Liebe als schöne Form ohne substanzielle Einheit[75] verkündet Krull das Gesetzbuch des Narzissmus gegen die moralisch-bürgerliche Begründung der Ehe: **Aber ich spreche nicht von**

Kindersegen und Familienglück, das geht über mein Thema hinaus, und ich nehme es damit nicht auf. (380) Zuletzt aber hat Krulls Narzissmus, der so anders verläuft als der des Ovid'schen Helden, doch Früchte getragen, die Früchte einer Umwertung der bürgerlichen Werte. Diesem Zweck ist sein gesamtes Erzählwerk gewidmet. Ohne Krulls Narzissmus wäre dies Werk nicht. Liebe zu sich selbst ist der Anfang aller Kulturleistung. Krulls Werk ist sein Sieg, der Sieg des narzisstischen Zauberers über den Leser.

4 Figuren um Krull

Die Personen, die den Weg von Krulls Weltfahrt säumen, sind allesamt und ausschließlich im eigentlichen Sinn des Worts Randfiguren. Sie können Krulls Kreise nicht stören, die Grenzen seiner Person nicht aufbrechen, nicht einwirken, verändern oder gar erschüttern. Sie kommen aus dem Nichts und verschwinden wieder ins Nichts, wenn sie das Ihrige auf den Stationen der Hauptfigur getan haben. Das erdrückende Übergewicht der Mittelpunktfigur spiegelt ihren Narzissmus in der Struktur. Der sinnreichen Erfindung Ovids gemäß ergeht es den Randfiguren wie der Nymphe Echo, dem Geliebten allein im Wort begegnen und sein Wort zurückwerfen zu dürfen. Die Personen begegnen Krull nicht im existenziellen Bereich, sondern spiegeln ihn wider (Amazone, Ribeiro), sie deuten seine Existenzweise, schreiben ihr Bedeutung zu, ordnen sie in übergreifende Zusammenhänge ein (Mme. Houpflé, Kuckuck), haben Werkzeugfunktion für das Gelingen seiner Karriere (Marquis) oder sind Opfer, Leichen auf dem Weg, über die Krull hinwegschreitet (Twentyman, Kilmarnock). Sie alle sind nicht sie selbst, sondern haben Zeichencharakter im Hinblick auf Krull. Sie fügen sich ohne Widerspruch in ihr Schicksal, dass einer über sie verfügt.

4.1 Ein Spiegelbild: Andromache

Wie Müller-Rosé eine Allegorie des frühen, so ist Andromache eine des späten Krull. Die kritischen Töne von Nietzsches Wagner-Kritik sind nur noch gedämpft zu hören und werden übertönt durch die Chromatik literarischer, philosophischer und mythologischer Verschlüsselungen. Tendiert die **Mischung von Luzifer und Clown**[76], die den Künstler ausmacht, bei Müller-Rosé eher zum Clownesken, so bei Andromache zum Göttlichen.

Zwischenwesen ist sie ohnehin, denn auch ihre Heimat ist der Zirkus, und sie lässt sich **im Bürgerlichen und Natürlichen** (197) nicht unterbringen. Sind die Zirkusclowns **kobolzende Zwitter aus Mensch und närrischer Kunst** (198), steht sie **zwischen Tier und Engel,** wenn auch **viel weiter hin zu den Engeln** (201). Diese Parodie auf das Pascal-Wort treibt die **Gespanntheit** der Künstlerexistenz über den Menschen hinaus. Das gespannte Seil bestimmt die Existenzform. Als **Engel der Tollkühnheit** (200) trägt Andromache das göttliche Attribut: die Kappe mit den kleinen Flügeln, die Hermes zieren. Der neue Krull spiegelt sich in einer Künstlergestalt, die hermetisch-vermittelnde Züge trägt. Nicht mehr der kleine Gott der Diebe, sondern der Sphären verbindende, die Grenzen des Menschlichen überfliegende Botengott des Luftraums ist jetzt das Bild Krulls.

Wenn dann Andromache auch erotisch als Zwitterwesen erscheint, ist das nur konsequent. Ihre Anatomie beweist ihre Androgynie (vgl. 200). Die Frage bleibt offen, **ob sie, in Gottes Namen** – in welchen Gottes Namen wohl? – **denn vielleicht heimlich ein Jüngling sei** (199). Weder Weib noch Mann, ist sie **kein Mensch** (200); denn der Hermaphrodit nimmt das Ziel der Selbstvervollkommnung des Menschen vorweg.

Dass diese Amazone im Zirkus zu Hause ist, gereicht nicht zu ihrer Entwürdigung, sondern zu ihrem Adel. Denn es besteht kein Zweifel, dass Zarathustras Seiltänzerphilosophie zu diesem Bild inspiriert hat: **Der Mensch ist ein Seil, geknüpft zwischen Thier und Übermensch, – ein Seil über einem Abgrunde. Ein gefährliches Hinüber, ein gefährliches Auf-dem-Wege, ein gefährliches Zurückblicken, ein gefährliches Schaudern und Stehenbleiben.**[77] Der künstlerische Seilakt zielt auf die Selbstvervollkommnung des Menschen im Übermenschen. Nicht mehr Bauchredner Gottes, wie es der Genie-Mythos wollte, sondern sich selber fordernd, lässt der Künstler die Dekadenz hinter sich.

Eine tollkühne Utopie, die aber vom prophetischen Pathos Nietzsches wieder einiges verliert, wenn man bedenkt, dass die Amazone über der Realität am Trapez schwebt. Würde die Amazone sich an die Realität binden und sich **zum Weibe** erniedrigen wollen, würde der Sturz auf den Boden der Realität ihr Ende bedeuten. So bleibt auch dies späte Bild des Künstlers ambivalent, kann ohne Verzicht nicht sein: Vermittlung mit der Normalität bleibt undenkbar, aber das Über-sich-Hinaus verspricht ein strenges Glück. Der Balanceakt ist durch den Segen der Auserwähltheit begnadet: **›Wohl kamst du durch; so ging es allenfalls.‹/Mach's einer nach und breche nicht den Hals.**[78]

Nicht anders steht es mit Ribeiro: Auch er ist der neue, der Dekadenz entronnene Künstler, disponiert zur Übermenschlichkeit, und ist Künstler, weil er gefährlich lebt. Doch in dieser letzten Künstlerfigur des Romans wird Andromache noch einmal überboten: Wo jene über der Realität schwebt, greift dieser in sie ein und bewältigt in der Gestalt des Stiers das Chaos der Welt. Sein Triumph über das Elementare, Ungeordnete, Irrationale ist der ästhetische Akt schlechthin (vgl. 392), und zwar so, dass das Apollinische und das Dionysische, die ästhetische Form und die Urgewalt des Lebens aufeinander verweisen. Ribeiro hätte, wäre er im ungeschriebenen vierten Buch wieder erschienen, sicherlich die utopische Aufgabe im Roman übernommen: die Erlösung des Narziss im Werk, den Triumph der Form über das Leben zu versinnbildlichen.[79]

4.2 Ein Kontrastbild: Madame Houpflé

Das Schüsselwort dieser Szene heißt **Verkehrtheit** (186), und das gilt nicht nur für die sexuelle Perversion, die der Leser miterlebt. Zunächst einmal erinnert Madame an eine Hure aus Grimmelshausens Tagen, jene geheimnisvolle Dame, in deren Zimmer Simplex, der *beau allemand,* wie in einen **Venusberg** geführt wird, um sich dort eine geraume Zeit der **viehischen Unfläterei** zu ergeben.[80] Aber sie ist mehr als eine **Hure** (183) und führt mehr als *ein* Leben. Ihr Doppelname sagt es schon. Als Gattin eines Fabrikanten von Klosettschüsseln muss sie den lippenwerfenden elsässischen Namen Houpflé tragen, als Literatin aber hat sie sich den sangbaren Namen Philibert zugelegt, der zu ihrem mythologischen Vornamen Diane passt. Sie ist in der Weise Literatin, dass sie die Grenze zwischen Literatur und Leben ständig überschreitet, dass selbst die Liebesbegegnung zu einem literarischen Akt und zu einem Spiel mit literarischen Mustern gerät. Madame beginnt in Krulls Armen wie GOETHE in denen der römischen Kurtisane zu dichten und ihn mit der Situation angepassten Zitaten aus Victor Hugos *HERNANI* zu traktieren.[81] Wenn die Dame aus dem Grenzland nicht gerade mit dem ganzen Genre ephebischer Männer beschäftigt ist, schreibt sie Romane **voll Seelenkunde, pleins d'esprit, et des volumes de vers passionés.** Folglich leidet sie an der Krankheit der Künstler in THOMAS MANNS Frühwerk, **wonnegierig** (184) von dem Leben, der Dummheit und der Schönheit angezogen zu werden. Ihr literarisches Genre, der psychologische Roman, gehört zu jenen Sujets, die THOMAS MANN um 1910 – Diane Houpflé war schon geplant – als bloße ›Literatur‹ geißelte und mit vielen anderen seiner Zeit von der ›Dichtung‹ unterschied. Diane zerstört in dieser Szene die Leidenschaften, das unmittelbare Gefühl, durch den Geist und das treffende Wort. Ihr als Intellektueller fehlt der Zugang zu den schöpferischen, erotischen Tiefenquellen des Lebens. Ihre Nymphomanie ist die andere Seite ihrer Unfruchtbarkeit. Unfruchtbar ist sie im Leben wie in der Kunst: **Vielleicht hängt meine Leidenschaft damit zusammen, daß ich nie Mutter war, nie Mutter eines Sohnes.** (186) Indem sie Krull zu einem Typus macht und darüber hinaus mit dem **Standbild der Schönheit** (185) identifiziert, entindividualisiert sie den Partner und entrückt ihn aus dem Bereich des Lebens in den der Kunst.

Madame ist ephebophil: Ihre Bettgespielen dürfen maximal achtzehn Jahre sein. Dieser Umstand erregt einen anderen Verdacht, mehr noch der, dass sie Krull **Mignon in Livree** (181) nennt. Offensichtlich geht es ihr darum, Krulls Geschlechtscharakter ins Uneindeutige zu verschieben. Ob sie nun die Mignon GOETHES meint, das androgyne, in Jungenkleider gewandete und erst im Sterben zum Mädchenhaften erblühende Zwischenwesen aus *Wilhelm Meister*, oder das französische Schimpfwort, das seit Henris III. Tagen auf feminine Homosexuelle angewandt wird: In beiden Fällen verliert Krull so die Eindeutigkeit seiner Männlichkeit und verkörpert **etwas Wunderbares dazwischen** (115). Und ihr wird mit gleicher Münze zurückgezahlt: **Unfruchtbarkeit** in der Liebe war für Thomas Mann ein stehender Ausdruck für Homosexualität. Der Ausdruck gilt aber, wie gezeigt, auch für Dianes Ästhetizismus. So wie Diane Krull zum **Meisterwerk der Schöpfung, Standbild der Schönheit** (185), so hatte Aschenbach Tadzio, den geliebten Knaben, zum **Standbild und Spiegel** des Schönen stilisiert. Für beide, den alternden Künstler und die alternde Literatin, verwandelt sich der Gegenstand der Sehnsucht in einen Hermes.[82]

Diane gehört dem Gefolge der jungfräulichen Göttin Diana an. Mit ihrem Namen trägt sie die Verpflichtung der Kunst zu dienen und nicht dem Manne. Madame Houpflé aber ist, im Unterschied zur Amazone Andromache, vom Seil der Hochleistungskünstler hinabgestürzt und zur Aphrodite geworden. Das Wechselspiel von Masochismus und Sadismus, das sie betreibt, soll diesen Absturz aus den ätherischen Höhen wirklichkeitsreiner Kunst in die Erniedrigung des Lebens sexualpathologisch umschreiben (vgl. 183 f.). Ihre Dianennatur wandelt sich deshalb in eine Brünnhildennatur: Wie Brünnhilde wäre sie zu einer jungfräulichen, d. h. der Kunst geweihten Existenz bestimmt gewesen, ist aber ihrer Berufung zur göttlich-unsterblichen Kunst untreu geworden. Deshalb geht die Eroberung Mme. Houpflés durch Krull so vor sich wie die Brünnhildes durch Siegfried auf dem Flammenfelsen.[83] Deshalb auch singt die feine Dame in ihrem Bett: **Nie gab es eine ausdrucksvollere Frau! Das war Gesang, was sie von sich gab, nichts anderes.** (182 f.) Auch das Wort ›Ausdruck‹ hat nur oberflächlich mit sexuellen Gegebenheiten zu tun: Wie wir sahen, schimpfte Nietzsche Wagner einen bloßen Ausdruckskünstler und verwandte damit einen Zentralbegriff aus dessen Ästhetik. Wagner war, das war für Thomas Mann, vor allem den der Jahre um 1910, in der Nachfolge Nietzsches ausgemacht, (so paradox dieses Wort beim Schöpfer des Gesamtkunstwerks klingen mag) Literat, d. h. eben ein dekadenter, nicht aus dem Leben schöpfender Möchtegernkünstler.[84] Mit Wagner hat Diane gemeinsam, dass sie ihre Liebesszene als große Tragödienszene inszeniert (**un amour tragique;** 186); wenn sie in Krull nur einen Typus erblicken will, dann verkündet sie im Bett den Anspruch von Wagners Musiktheorie, dass die Kunst nie das Einzelne, sondern das Typische und **Reinmenschliche** darzustellen habe; also spricht sie mit Krull in Stabreimen (**Du entkleidest mich, kühner Knecht?;** 179 f.), denn der Stabreim ist Wagners Zeichen der Zusammengehörigkeit aller Einzelwesen in Gattungen; sie praktiziert schließlich die Perversionen, die Wagner auf die Bühne gebracht hat, diese **Häufung extremer und anstößiger Ausgefallenheiten** (IX, 404), die erst die Psychoanalyse so recht zutage gefördert hat. Es ist diese Wagner-Heroine, die aus Armand, dem Lifttreiber, in einem unnachahmlichen Glissando Hermes, den zwischen oben und unten vermittelnden Gott macht. Mit den Mitteln des Wortes verschiebt sie durch den Halbreim die Namen[85]: **Hermès, Hermès! – Armand?** (189) Dies Wortspiel muss gesprochen wie im Französischen gesungen werden, damit die Identifikation im Wort verständlich wird.

Eindeutig ist, dass Dianes Vieldeutigkeit das Ziel hat, mit Krull einen Inzest zu begehen. Die Jungfrau möchte gerne Mutter sein: **Was wollt ihr mit unseren Brüsten, die euch tränkten, unserem Schoß, der euch gebar? Wollt ihr nicht zurück zu ihnen, nicht wieder Brustkinder sein? Ist es nicht die Mutter, die ihr unerlaubterweise im Weibe liebt?** (186) Wenn sie in Krull ihrem imaginierten Sohn begegnet, dann wird in dieser Zeugung der Sohn noch einmal gezeugt, diesmal als Hermaphrodit und Eros. Diana soll nach dem griechischen Mythos mit Hermes den Eros gezeugt haben[86]; und Faust zeugt mit Helena Euphorion, das Kind der Poesie. Houpflé benennt Krull nicht nur mit dem Namen Hermes und gewährt ihm das erste göttliche Liebes-Diebes-Spiel, sondern gebiert ihn in dieser heiligen Hochzeit auch neu. Madame, der Unfruchtbaren, ist das Unglaubliche widerfahren, einmal in ihrem Leben von der vollkommenen Schönheit zur Fruchtbarkeit gereizt worden zu sein. Was sie aber gebären darf, ist nur die neue Form einer alten Substanz.

Ein gewagtes Kapitel! Zuletzt muss bewusst bleiben, dass bei aller allegorischen Überfremdung eine sexualpathologische Studie geschrieben wurde zu einer Zeit, als in Amerika McCarthy und in Deutschland Konrad Adenauer die geistige und moralische Grundeinstellung mitbestimmten. Es ist zu vermuten, dass THOMAS MANNS Zauberei eine Perversion überdeckt, die den Kanon gültiger Wertmaßstäbe außer Kraft setzt.

4.3 Ein Opfer: Kilmarnock

Krull ist wie Achill: Wer seiner Glücksbahn im Wege steht, hat Pech. Das muss zuerst Hector lernen, der Oberkellner.[87] Krull nimmt mit einer Selbstverständlichkeit seinen Platz ein, dass dem Leser kaum Zeit bleibt moralische Bedenken zu äußern. Die Opfer der Erwählten THOMAS MANNS haben die Eigenschaft, ihr eigenes Unglück als naturgesetzlich gegebene andere Seite des Glücks der anderen anzusehen und ohne Kampf zu verzichten. Sie fügen sich, weil sie sich als Teil eines Schicksalsplanes verstehen. Hier wirkt die protestantische Lehre von der Gnadenwahl Gottes nach, weshalb in Krull kein Schuldbewusstsein, sondern allenfalls **eine Art von Schuldbewußtsein** (214) erweckt wird.

Opfer in anderer Weise sind im selben Kapitel Miss Eleanor Twentyman und Lord Kilmarnock. Sie verzehren sich wortwörtlich in Liebe zu Narziss. Miss Twentyman hat die Liebe um den Schlaf gebracht, der Lord treibt seine Nahrungsverweigerung bis zur **Selbstverneinung** (222). Ist im Narziss der Selbsterhaltungstrieb aufs Äußerste potenziert, so sind sie dessen genaues Gegenteil. Beide werden dem Lebensplan der absoluten Freiheit geopfert, und zwar so, dass Krull nicht sich, sondern ihnen den Egoismus zuschiebt: **Insgeheim, bei allem Mitgefühl, beschuldigte ich ihn des Egoismus.** (225) Als Opfer heißt Miss Eleanor auch **Zicklein** (215), und den Lord umkleidet die **Würde** des leidenden Melancholikers (220). Während aber das Zicklein kein weiteres Bedauern hervorruft, verlangt Krull Respekt vor dem Lord. Ihm nämlich hat THOMAS MANN Züge seiner selbst verliehen.

Seine Art der Welt zu begegnen, seine Befangenheit, seine Melancholie, seine Zurückhaltung, ist die des gesellschaftlich Geächteten. In seiner Person gestaltet THOMAS MANN noch einmal seine eigene Tragödie des Homosexuellen im bürgerlichen Zeitalter. Aus seelisch verständlichen Gründen hat er die mann-männliche Liebe mit moralischer Verurteilung belegt: Denn SCHOPENHAUER hatte ihn gelehrt, dass nur das ›Natur‹ ist, was der Fortzeugung des Lebens dient (vgl. X, 197). Wegen dieser metaphysischen Tabuisierung abweichender Formen der Sexualität lässt THOMAS MANN Kilmarnock an seinem eigenen Selbsthass teilnehmen, dem Versuch, sich hinter Masken zu verstecken. Wenn Mylord Krull seinen Smaragdring schenkt, ohne ihn – wie später Venosta den seinen – ihm an den Finger zu stecken, verzichtet der Homosexuelle auf die Geste des **Sei wie ich** und befreit Krull von der Notwendigkeit, in das Unglück seines Schicksals auf den düsteren schottischen Highlands zu folgen – eine symbolische Geste voller Würde, der Krull den Respekt zollt.

4.4 Ein Helfer: Marquis de Venosta

Krull und der Marquis sind eins. Dies Ergebnis der Vertauschungsszene wird sorgfältig vorbereitet. Über sein Verhältnis zu Welt und Gesellschaft sinnierend, kommt Krull auf den Gedanken der Vertauschbarkeit (vgl. 231): Die Rolle, die einer einnimmt, verdankt sich dem Zufall. SCHOPENHAUER hat Krull gezeigt, dass alle Wesen in ihrem Kern dasselbe (nämlich Wille) sind und die Individualität nur das zufällige Ergebnis der Formen ist, mit denen der Mensch die Welt räumlich, zeitlich und nach Ursache und Folge ordnet. Damit also der Identitätswechsel funktionieren kann, muss erst das Ich-Sagen als Schein entlarvt werden.

Loulou de Venosta tritt deshalb als Krull vergleichbare Zwitterfigur auf, wie schon der verdoppelnde Kosename andeutet. Auch er fällt von Haus

aus aus der Rolle, die ihm seine Sozialisation vorgeschrieben hat. Ein **Sorgenkind,** enttäuscht er seine standesbewussten **pauvres parents** (233 f.), indem er wie Krull nach dem Tod seines **armen Vaters** (vgl. 9) die **glückhafte Abzweigung** (254) vom Wege des Aristokraten und Studenten der Rechtswissenschaften sucht: die Abzweigung der Kunst und des Eros. Er führt, einer **beauté de diable** verfallen, das zeittypische Leben des Dilettanten (vgl. 347) und Dandy, gezeichnet zudem von der Krankheit des Jahrhunderts, der Langeweile (vgl. 234). Zwei Doppelexistenzen treffen also im glückhaften Augenblick zusammen. Beide sind in Gedanken mit dem Experiment der Vertauschbarkeit beschäftigt (vgl. 235 f.), beide sind disponiert sich zu **verdoppeln** (251) und unterscheiden sich lediglich durch die Form der gesellschaftlichen Konvention. So kann der Rollentausch gänzlich entkriminalisiert und ins Metaphysische verschoben werden: Es geht nicht um finanzielle Interessen, sondern um das Experiment, ein anderer zu sein. Man trinkt natürlich bei diesem Schelmenplan – Alkoholgenuss ist THOMAS MANNS Zeichen für den Form- und Individualitätsverlust –, und der Marquis trinkt am meisten, weil er auch am meisten von seiner Form zu verlieren hat.

Während des Wechselgesprächs verfallen Krulls Opernbillets für Gounods *FAUST* (vgl. 245). **Des verstorbenen Gounod melodienreiches Meisterwerk** (239) steht ersatzweise da für das deutsche Vorbild. Von GOETHES *FAUST* ist nur geheimnisvoll die Rede, wenn Krull verlangt, dass die **Späße** des Rollentausches **ernst** genommen werden sollen (256); hat doch GOETHE sein Lebenswerk als **diese sehr ernsten Scherze**[88] tituliert. Krull darf nicht die Karten zu GOETHES Werk in der Tasche tragen, erstens aus Gründen der Plausibilität, zweitens aus Gründen der Geheimhaltung, weil die beiden selber *FAUST* spielen.[89] Die Fahrt durch die **kleine, dann die große Welt** (*FAUST*, 2052), die Mephisto verspricht, kann beginnen, weil jetzt der Pakt geschlossen ist und die Wette gilt.

4.5 Der göttliche Vater: Kuckuck

Antonio José Kuckuck ist **Professor** von **Profession** (274). Ein Professor offenbar, der nicht nur der Forschung, sondern auch der Lehre so zugetan ist, dass seine Berufsbezeichnung im ursprünglichen Wortsinn als Bekenntnis und Standortbestimmung zu verstehen ist. Was Schimmelpreester für den Kostümkopf, ist er für den ausgewechselten Marquis: der Mentor und Aufklärer. Ihm gegenüber ›verzwergt‹ Krull zum **Kind** (270), das in die Anfangsgründe der Naturwissenschaften und der Philosophie eingeführt wird. **Neuling der Beweglichkeit** (273) ist er ja nicht nur als Reisender, sondern auch als **Bildungsreisender** (384). Man sollte deswegen Kuckucks Philosophie weder als gewichtige Seinsergründung lesen wollen noch sie wegen ihrer Scheinnaivität schelten. Sie verbirgt Tiefsinn im Gewande der Heiterkeit, wie es sich für aufgeklärte Didaktik geziemt. Diese Heiterkeit über den Abgrund der Welträtsel führt den Lehrer selbstverständlich auf Paradoxe, aber gerade dieser Hang zum Paradoxen verweist auf die Grenzen, deren die menschliche Vernunft sich angemessenerweise bewusst sein soll. Der Eindruck, **es sei nicht ganz richtig** (273) mit Kuckuck, entsteht nur, weil Kuckuck, dem Getriebe des gesellschaftlichen Scheins enthoben, von einem ganz anderen Standpunkt auf die Welt schaut, die vor seinem Sternenblick zu Nichts zerfällt. Diese **Sternenaugen** (269) zeugen von der anderen Erkenntnisfähigkeit – wie Schimmelpreesters nackte Augen hinter der **Eulenbrille** (25), dem Sehinstrument der Weisheit und des Durchschauens. Da Kuckucks Sache die Ideenschau[90] ist, lässt er sich auf das Gehudel der Wirklichkeit nicht ein: **Papa ist immer milde** (360), attestiert Zouzou; denn im Angesicht der Weltenräume verschwinden die Einzelegoismen. Nicht einmal Krulls Tändelei mit Frau und Tochter vermag des Professors Toleranz aus dem Gleichgewicht zu bringen. **Kaustik** (vgl. 286) entwickelt er nur, wenn er von der Höhe seines Standpunktes die Angelegenheiten **dieses Sternes** (270) Erde auf ihren tragischen wie komischen Kern hin durch-schaut. Skepsis und Desillusionierung sind die Sache des Aufklärers. In diesem Fall heißt der Aufklärer SCHOPENHAUER, von dem Kuckuck seine Naturphilosophie borgt[91] wie vor ihm Schimmelpreester:

> **Im unendlichen Raum zahllose leuchtende Kugeln, um jede von welchen ein Dutzend kleinerer, beleuchteter sich wälzt, die inwendig heißt, mit erstarrter, kalter Rinde überzogen sind, auf der ein Schimmelüberzug lebende und erkennende Wesen erzeugt hat: – dies ist die empirische Wahrheit, das Reale, die Welt.**[92]

Im Kuckuck-Gespräch geht es im Letzten um die Frage, mit der sich schon Thomas Buddenbrook beschäftigt: ob sich der Welt **mit spielendem Hohne** beweisen lässt, dass sie die schlechteste aller denkbaren sei (I, 654). Diese Frage ist in unvergesslicher Weise mit dem Namen Lissabon, dem Wohnsitz Kuckucks und Ziel der Reise, verbunden. Kuckuck selbst verweist auf **das große Beben im vorigen Jahrhundert** (272), das Voltaire veranlasste, mit spielendem Hohne zu widerlegen, dass die Welt als die beste aller denkbaren erscheint, wenn man sie – wie Leibniz riet – aus der Perspektive Gottes betrachtet und das irdische Leiden in einen Strom von Harmonien aufgelöst sieht.

Kuckuck ist nicht bis in die letzte Konsequenz hinein Pessimist. **Sein sei nicht Wohlsein** (287), sagt er zwar und teilt damit SCHOPENHAUERS Ansicht vom Leidenszustand des Lebens; nur macht er die Konsequenz SCHOPENHAUERS, also auf den Willen zum Leben zu verzichten, um die Last des Seins samt der Lust abzuschütteln, nicht mit. Kuckuck wertet in einem akrobatischen Trotzdem das, was er als nichtswürdig erwiesen hat, wegen seiner Nichtswürdigkeit um: **So sei aber alles – das ganze kosmische Sein sei beseelt von Vergänglichkeit, und ewig, unbeseelt darum und unwert der Sympathie, sei nur das Nichts** [...] (287). Sein Schluss, dem All mit Sympathie zu begegnen, erhebt nicht den Anspruch, die Welträtsel zu lösen, sondern lässt im Gegensatz zu GOETHES *FAUST* Allbejahung und Allverneinung paradox zusammenfallen. Mit ›Lust die Last des Daseins zu tragen‹ heißt, im Bewusstsein der Nichtigkeit der Welt die Welt nicht moralisch-theologisch, sondern erotisch-ästhetisch zu bejahen.

Für Krull bedeutet Kuckucks Philosophie einen Glücksfund, den die Alten ›Hermaion‹, Hermesgeschenk, genannt hätten; ist es doch diese Philosophie, die Krulls Leben in schön-vergänglicher Form rechtfertigt. Dieses Geschäft der Rechtfertigung durch Weltdeutung darf nur einer übernehmen, der dazu berechtigt ist. Der Professor trägt Namen, die über sein Wesen Auskunft geben (vgl. 358). Antonius heißt der Heilige, der im Katholizismus fürs glückliche Wiederfinden von Verlorenem zuständig ist. Joseph ist mit Maria verheiratet (Kuckucks Gattin heißt Maria Pia da Cruz), mit der ›Muttergöttin‹ des Christentums. In Gestalt eines Kuckucks wohnte Zeus Hera auf dem Kuckucksberg in Argos bei.[93] Da er zudem wie Wotan in WAGNERS *SIEGFRIED* sein Wissen über die drei Weltenräume ausbreitet, wissen wir, dass er der Göttervater ist, der Gatte der großen Mutter und der Vater des göttlichen Sohnes, den er hier belehrend in seine Familie aufnimmt. Da aber Mutter und Tochter zugleich die dunkle Seite des Göttlichen repräsentieren, mit dem Urtümlichen der Unterwelt verbunden sind wie Demeter und Persephone (vgl. 386), da auch Kuckuck mephistophelische Züge nicht verleugnen will, repräsentiert diese Familie – so will es die Ambivalenz des Mythischen – den Gegensatz-Urgrund der Dinge: Alter und Jugend, Jungfräulichkeit und Mutterschaft, Schutz und Verderben, Leben und Tod, das Chaotische und die Form, Allbejahung und Allverneinung.[94]

Zwischen diesen Bereichen ist Krull in ständiger Bewegung: An der Hand Kuckucks fährt er in die Zeitentiefe hinab und hinauf in den Kosmos, reitet er als **voyageur curieux** (289) durch die Galaxis und fährt wieder ab ins **Souterrain** des Naturhistorischen Museums um in der Tiefe nach seinen **Ursprüngen** (317) zu forschen, er fährt auf zum Olymp, wo in **überschauender Lage** (321) Zeus' Haus auf die Stadt hinabblickt, hinauf geht es auch in die majestätische Einsamkeit des portugiesischen Königs und hinab in die kultische Massenveranstaltung des Stieropfers. In der heiligen Hochzeit des Endes verbinden sich die Göttermutter, die Mutter des Alls, und der die Gegensätze überbrückende Hermes wie Fruchtbarkeit und Schönheit.

5 Motive

5.1 Schlaf

Krull erzählt ›vom Ei an‹ und beginnt mit seiner Geburt, ja lässt den Leser wie andere Erzähler-Kollegen noch einen Blick in den Uterus tun. Der Embryo zeigt **nicht den mindesten Eifer** (12), auf die Welt zu gelangen. Dieser Umstand lässt zunächst vermuten, dass Krull sich zu einem Weltkritiker und Weltflüchtling entwickeln wird. Dem widerspricht aber die paradoxe Selbstanalyse, die immer wieder von der Weltliebe spricht. Weiterhin würde der Leser erwarten, dass der Bericht von der Geburt in die Schilderung des Aufwachsens, der Einflüsse, der Entwicklung übergeht. Aber auch diese Erwartung wird enttäuscht. Es folgt, bevor das Erzählen überhaupt begonnen hat, wieder ein Exkurs, und zwar nicht einer über die Welt, in die Krull hineinwächst, sondern über die Weltlosigkeit, den Schlaf. Auch das scheint vorzuspiegeln, Krulls Schlafgelüste seien von Regressionswünschen diktiert und zielten auf die Verdrängung der Widrigkeiten der Welt.

Aber das Paradox, dass **Lebens- und Liebesdrange** wie **Schlaflust** in **Übereinstimmung** (12) stehen, ist dadurch nicht erklärt. Offensichtlich helfen psychologische Modelle allein dabei nicht weiter und es geht um einen **metaphysischen** Zustand, für den das Wort ›Schlaf‹ nur ein Zeichen ist. Im Schlaf, so THOMAS MANN in seiner Skizze *SÜSSER SCHLAF*, kehrt der Mensch wie in einem **Zaubernachen** zurück ins **Meer des Unbewußtseins und der Unendlichkeit,** in den vorgeburtlichen Zustand also, und hat den **Passionsweg des Lebens** fürs Erste beendet (XI, 333). Im Schlaf regeneriert sich das Individuum im eigentlichen Sinne des Wortes, indem es neu wird, das Erwachen als Neugeburt zu neuer Form und Leistung erlebt. Nicht im Nichts des Unbewussten zu verweilen ist das Ziel, sondern die regenerierten Kräfte an die Forderungen des Tages zu wenden. **Der ist gewiß der Größte, welcher der Nacht die Treue und Sehnsucht wahrt und dennoch die gewaltigsten Werke des Tages tut** (XI, 339). Aufgabe, ja Moral des Künstlers ist es, gegen die Welt des Nichts die Welt der Form zu stellen. Daraus ergibt sich, dass alles In-der-Welt-Sein Gestalt und Formwerdung bedeutet – wie das Werk des Künstlers. Existieren und die Welt bejahen heißt also, sich zur entschiedenen Gestalt herausbilden **aus der Welt der Möglichkeiten: Mir ist dann, als sei das individuelle Dasein als Folge zu begreifen eines übersinnlichen Willensaktes und Entschlusses zur Konzentration, zur Begrenzung und Gestaltung, zur Sammlung aus dem Nichts […]** (XI, 337): Nur wo Wille zum Leben ist, ist auch Wille zur Form. Und dieser Wille muss sich immer wieder im vorindividuellen Zustand **erholen,** um immer wieder Ja sagen zu können zur Welt der Formen. THOMAS MANN benutzt also zur Deutung des Phänomens ein metaphysisches Vokabular um deutlich zu machen, dass er die metaphysische Konsequenz nicht mitvollziehen will, das Ziel des Lebens in der Verneinung des Lebenswillens zu suchen.

Aus diesen Gründen spricht Krull immer wieder davon, dass seine **Gefälligkeitsspannkraft** am Abend des Tages zu ermatten droht, aber am Morgen seine ›**elastische Natur**‹ ›**zu froher Frische**‹ neu entsteht (212). Deshalb steht Krulls Hohes Lied auf den Schlaf an dieser Stelle: Es begründet, warum sein Leben Anspannung und Kampf um die Form ist, die gebieterisch nach Neuschöpfung im Schlaf verlangt. Es zeigt, dass sein Leben selbst ein Kunstwerk ist; dass das sittliche Gebot die Welt zu bejahen und das ästhetische die Welt und sich selbst schön zu gestalten ein und dasselbe sind. Deshalb bedarf Krull keinerlei Entwicklung in der Welt, sondern kehrt im Schlaf zurück in den vorgeburtlichen Zustand, aus dem er mit neuer Form erwacht. So erklärt das ›Schlafmodell‹, warum die Identitätswechsel Krull so leicht fallen und warum sie mit einer Rückkehr in den Schoß der großen Mutter verbunden sind. Deshalb auch empfiehlt Kuckuck Krull, nicht von Nichts zu träumen: **Träumen Sie vom Sein und vom Leben! [...] Ihm ist wohl, wenn Sein und Wohlsein sich irgend vertragen.** (287) Das ist das philosophische Programm der ›Schlafliebe‹: das Dasein, wie es nun einmal ist, zu bejahen.

5.2 Welttheater

Was verdanke ich dem Theater?, fragt THOMAS MANN zur *KRULL*-Zeit und hätte antworten können: alles. Sind doch sein Leben und Werk ein einziges Theaterspiel. Den Ursprüngen seiner Theaterspiele ist er selbst nachgegangen: Er erzählt wie GOETHE vom Puppentheater seiner Kinderzeit, von seinen Fantasiespielen, die er auf Krull übertragen hat, und vom **Götterspiel** (XI, 328), dem Nachspielen mythologischer Geschichten: **Und was ich so begierig in mich aufgenommen, das stellte ich spielend vor. Ich hüpfte als Hermes mit papiernen Flügelschuhen durch das Zimmer, ich balancierte als Helios eine glanzgoldene Strahlenkrone auf dem ambrosischen Haupt** [...] (XI, 329). Zwischen diesen Kinderspielen und der Kunstübung sei in seiner Erinnerung kein Bruch.[95] Sein ganzes Erzählwerk ließe sich als Versuch verstehen, mit den Mitteln des Epos Theater zu spielen, Szenen zu inszenieren und die Wirkungsmittel des Theaters (auch als Musiktheater) ins Erzählen umzusetzen.

Das setzt voraus, dass alles, was erzählt werden kann, als Theaterwelt durchschaut ist. Wie die Theaterwelt hat die Welt in ihrer Erscheinungsweise keine eigentliche Realität, sondern ist allein Vorstellung des Subjekts:

***Meine* Vorstellung, *mein* Erlebnis, *mein* Traum, *mein* Schmerz** (X, 22). Was auf Vater Krulls Sektfabrikat zutrifft, gilt für die gesamte Vorstellungswelt: eine glänzende Coiffure für ein Gebräu zwischen Petroleum und Fusel zu sein. Treffend heißt es **Lorley:** Das schöne Weib, die Metze Welt, verführt die, die auf es hereinfallen, zum Tode. Bezeichnend auch, dass Krull im Naturhistorischen Museum die Geschichte des Menschen als Theaterspiel, **kleine Theater, plastische Szenen** (317), rekapituliert. Das Leben führt ein Lust- und Trauerspiel auf, mit dem Unterschied freilich, dass am Ende alle wirklich erstochen werden. Deshalb spielt Krull Theater, auch wenn er nicht auf dem Theater steht. Die Rollenspiele Krulls, die oben erörtert wurden, haben den alltäglichen Rollenspielen voraus, dass Krull den Schauspielcharakter des Lebens einplant, sich als Schauspieler, die Welt als Bühne und die Gesellschaft als Kulisse einsetzt und entsprechend darüber verfügen kann. Er muss erst desillusioniert haben, um illusionieren zu können. Deshalb ist er Künstler. SCHOPENHAUERS Theorie, dass die Welt eine Illusion sei, nimmt er so beim Wort, dass sich seinem Spiel keine materialen Hindernisse mehr entgegenstellen: Er ist, wie THOMAS MANN in seinen Notizen selbst festlegt, **Charmeur und Liebhaber einer Welt, die getäuscht werden will, und die ihrerseits ein Blendwerk ist gleich ihm selbst, so daß das ganze auf eine wechselseitige Illusionierung hinausläuft.**[96] Die Welt hat also jeden Rückhalt in objektivem Material verloren. Das erklärt Krulls Fähigkeit, die Natur zu **verbessern** (vgl. 43): [...] **eine Art Trunkenheit, erzeugt durch die inbrünstige Vertiefung in meine Rolle als Kranker, durch ein Spiel auf meiner eigenen Natur** [...]**, eine gewisse Verzückung, die** [...] **erforderlich war, damit etwas Unwirkliches für mich und die anderen zur Wirklichkeit werde,** hat eine **Erhöhung und Steigerung** seines Wesens zur Folge, die Krull zu einem die Illusionswelt überschreitenden universalen Wesen ausweitet (46). Er ist mehr als Schauspieler, er ist der Theaterdirektor seiner Welt.

Marquis de Venosta nennt Krull deshalb **Zauberer** (240) (so wie sich THOMAS MANN im Familienkreis gerne selber nennen ließ und wie NIETZSCHE den Theatraliker WAGNER genannt hat): Denn das Urerlebnis, das THOMAS MANN dem Theater verdankt, ist die Kunst RICHARD WAGNERS; **ein Erlebnis, ohne daß ich mein Wollen und mein geringes Vollbringen nicht denken kann** (X, 40). Krulls Zauberei führt dazu, dass alle anderen mitspielen müssen wie die Mutter, die so gefesselt ist, dass sie es nicht übers Herz bringt, **sich vom Spiele auszuschließen,** und mitgeht **wie im Theater** (41). Dass alle Welt mitspielt, ist mit schauspielerischer Demagogie allein nicht zu erklären. Die Wirkung beruht auf der metaphysischen Voraussetzung, dass alle Wesen hinter ihrer Individualität einen gemeinsamen Kern besitzen, der sich magisch beeinflussen lässt. Aufgrund solcher Voraussetzungen verfügt

Krull auch über das übernatürliche Wissen, worauf es mit ihm hinauswill. Was er **Schicksal** nennt, ist ja sein eigener Wille, der mit dem des Glücks identisch ist. Nach dem Identitätstausch mit Venosta verrät er dies Geheimnis der Zeit überwindenden Absichtlichkeit in seinem Schicksal:

> **Hatte ich die Reize des Inkognitos, die ich jetzt kostete, indem ich noch eine kleine Weile mein dienendes Handwerk weiterbetrieb, nicht phantasieweise schon als Knabe vorweggenommen, ohne daß sonst irgend jemand von meiner Prinzlichkeit eine Ahnung hatte? Ein so lustiges wie süßes Kinderspiel. Jetzt war es Wirklichkeit geworden** [...]. (261 f.)

Folglich kann Gottfried Kellers *Kleider machen Leute* für Thomas Manns Helden nicht mehr gelten. Der Satz muss umgekehrt werden: **Der Mann macht das Kleid** (242).

Der Satz, dass die Welt eine Bühne ist, lässt sich natürlich auch umgekehrt lesen. Thomas Mann nennt das Theater eine **symbolische Anstalt,** und das will sagen, dass es **an sich nichts** ist, sondern nur etwas vorstellt. Auch die Schauspielerpersönlichkeit ist nicht ihre sinnliche Erscheinung, sondern ein **Typus** (X, 51) und zeigt etwas ihre Persönlichkeit Übergreifendes. Deshalb erscheint Müller-Rosé als **Musterbild** (29) und Krull selbst als **Typus** und **Standbild** (185). Ist es aber in der Welt wie auf dem Theater, dann folgt, dass alle Figuren des Welttheaters nicht sie selbst sind, sondern etwas nachspielen, was schon längst vorgespielt wurde, etwas nachbeten, was schon längst vorgeschrieben war. Weil auch die Identität Illusion ist, stehen die Personen **nach hinten** offen, repräsentieren gültig vorgeprägte Muster, sei es bewusst, sei es unbewusst, noch einmal. Wie in der Maskenkomödie spielt es keine Rolle, wer sich hinter der Maske verbirgt. Deshalb ist Krull nie er selbst, sondern ein Faust, ein Hermes, ein Siegfried, ein Wagner, ein Goethe und nicht zuletzt ein Thomas Mann. Schließlich ist er der Typus des Schauspielers schlechthin. Während die Figuren des Frühwerks an den Grenzen ihrer Individualität leiden und deshalb zur willenlosen Ichaufgabe streben, wird Krull ein anderer Weg aus dem Kerker des Ichs gewiesen. Zunächst als Schauspieler, dann als mythischer Rollenspieler hat er die Begabung, sein Ich ohne Leiden und Tod zu wandeln und zu wechseln. Er stirbt nicht, sondern fährt nur symbolisch in die Grube und ersteht daraus wieder auf. Bei seiner Beschäftigung mit dem Mythos hatte Thomas Mann erkannt, dass das mythische Individualitätsverständnis mit dem Schopenhauers vom Rollenspieler-Ich im Welttheater vergleichbar war. In eine zyklische Wiederholung gebannt, erweist sich das scheinbar individuelle Leben als Wiederkehr vorgeprägter Muster. Der immer gegenwärtige, zeitlos-urzeitliche Typus bestimmt, ob bewusst oder unbewusst, Charakter und Biografie.

Doch will Thomas Mann zeigen, dass sich die Freiheit des Einzelnen in der Gebundenheit an das Schema durchsetzen kann. Das moderne Individuum ist sich seiner Stellung in der Zeit bewusst und strebt eine geistvoll-gegenwärtige Wandlung des Vorbildes an. Krull freilich müssen die Rollen der Tradition von außen zugelegt werden. Er besitzt aber das nötige Schauspielerbewusstsein, um sogleich nach diesen Identifikationsangeboten zu haschen. Indem er sich mit Hermes identifizieren lernt, dessen Wesen Verwandlung ist und der durch seine Vielgestalt die Variation des Mythischen schon in sich enthält, verwirklicht Krull in der Imitation etwas vom Freiheitstraum der Menschheit. **Im Gleichnis** (112) lebt er das Glück des normenfreien Zustandes und springt über die Widersprüche und Zwänge der Realität hinweg. Dass das Sein ein **Fest** (282) sei, lässt er sich nur zu gerne bestätigen, denn im Fest durchbricht das Ich die Regeln und Kategorien des Alltags. Auf die Frage, wie Narziss zurückgebunden werden kann in eine real existierende Gesellschaft, wird keine Antwort gegeben. Narziss lernt zwar, indem ihn die anderen zum Typus erklären, dass er nicht einmalig ist, aber die Tiefendimension dieses Wissens wird ihm nicht bewusst. Bis zuletzt bleiben die mythischen Muster **Vorversuche** (313) auf ihn selbst hin. Im mythischen Gespräch erfährt er zwar, dass die Idee des **Zusammenlebens** (vgl. 278) die Grundidee des Weltprozesses ist, aber er wird darüber nicht zum sozialen Wesen. Allenfalls das Wissen, dass beides endet, das Fest des Seins und das Fest des Glücks, bringt Bescheidenheit mit ins Spiel. Umgekehrt bannt es aber die Verzweiflung, die der ständig dunkle Gast beim Erzählfest THOMAS MANNS war.

5.3 Theaterwelt

Der Leser, der HEINRICH MANNS *UNTERTAN* neben die *BEKENNTNISSE DES FELIX KRULL* legt, wird sich wundern, dass beide das Problem des Schauspielers als eines Typus des zweiten deutschen Kaiserreichs behandeln. Aber während HEINRICH MANNS *GESCHICHTE DER ÖFFENTLICHEN SEELE* mit bitterböser Satire Gericht hält, wirkt THOMAS MANNS Geplauder wie eine leichtfertige Tändelei mit dem Bösen. Wenn die Welt eine Vorstellung und nichts außerdem ist, richtet sich die Aufmerksamkeit des Künstlers nicht auf sie, sondern auf die eigentliche, die wesentliche Welt; alles Gesellschaftliche erscheint als sekundär. Diesen Kontrast zum Bruder hat THOMAS MANN sehr deutlich empfunden und in Stunden des Selbstzweifels als **Unfähigkeit, mich geistig und politisch eigentlich zu orientieren, wie Du es gekonnt hast**[97], verstanden.

Entsprechend schwach entwickelt sind die politischen und sozialgeschichtlichen Umstände, in denen Krull groß wird. Wo HEINRICH MANN kausale Ableitungen eines Charaktertyps aus dem Geist der Zeit versucht, fällt bei THOMAS MANN Sozialkritik als Beiwerk ab. Besonders für das frühe

Fragment zählt nur die Oberfläche der Dinge, nicht aber deren Grund. Man mag das als Satire bezeichnen, aber diese Form der Satire richtet sich nicht gegen diese unverwechselbare Form einer Gesellschaft, sondern gegen die Gesellschaft überhaupt, sofern sie Form des lächerlichen Welttheaters ist. Dass THOMAS MANN kaum explizite historische Einordnungen vornimmt und den Roman noch 1947 in eine ganz uncharakteristische **Equipagenzeit**[98] verlegt, verblüfft angesichts der philosophischen Voraussetzungen nicht mehr. Nach dem einleitenden Hinweis Krulls, **wenige Jahre nur nach der glorreichen Gründung des Deutschen Reiches** (8) geboren zu sein, trägt das Zeitgerüst nur noch eine direkte Chronologie, sieht man von der späteren Erwähnung des **verstorbenen Gounod** (239) und der Datierung von Krulls Brief (vgl. 334) ab. In seinen Notizen musste sich THOMAS MANN selbst 1951 den Zeitrahmen rekonstruieren: **Felix geboren 1875. Vater stirbt, als er 18 ist [...] Tritt ein Jahr nach dem Bankerott (1894) in sein 20. Jahr. [...] Lernt ein Jahr später (1895) den jungen Aristokraten kennen, an dessen Stelle er reist. 20 Jahre. [...] Schreibt mit 40.**

Die Institutionen und Einrichtungen des wilhelminischen Staates, die HEINRICH MANN nacheinander fest ›beim Wickel packt‹, verschwinden bei THOMAS MANN hinter dem Nebel von Krulls ambivalentem Verhältnis zur Gesellschaft, der gleichzeitigen Affirmation und Kritik des gesellschaftlichen Scheins. Darin unterscheidet sich Krulls Position auch wesentlich von der seines Vorbildes MANOLESCU: Der operiert **aus unsäglichem Haß**[99], Krull des Gefälligkeitszaubers wegen. So kommt es nicht zu einem Duell zwischen Ich und Gesellschaft, sondern zu einer einerseits erotischen, andererseits spielerischen Ich-Welt-Beziehung. Weil alles durch diese erotisch-artistische Sicht des Erzählens vermittelt ist, webt der Roman einen neuen Schleier der Maja, der auch das wilhelminische System mit **Zauber** umgibt.

Wilhelm II. wird nie erwähnt. Nur der Großvater lässt sich erahnen, wenn sich Krull bei seinem Kaiserspiel als **Heldengreis** (14) feiern lässt. Statt des Herrschens ist bloß die Atmosphäre dieser Operettenzeit in Talmi, Plüsch und Nippes greifbar, mit dem Krulls Makart-Villa eingerichtet ist, in den Feuerwerken und Maskenfesten des Hauses, den überladenen Interieurs, Garderoben und gesellschaftlichen Ereignissen, dem Luxus der Schaufensterauslagen, den Ausstattungsdetails und Titeln einer aristokratischen wie großbürgerlichen **schönen Welt** (85): **Hier sah ich die Garderobe der Großen und Reichen vom Sammetschlafrock oder der atlasgesteppten Hausjacke bis zum abendlich strengen Frack, vom alabasternen Halskragen in letzter, gewähltester Form bis zur zarten Gamasche und zum spiegelnden Lackschuh** [...] (83), usw. Der genüssliche Detaillismus Krulls lässt erkennen, dass THOMAS MANN nicht, wie er sich ausdrücklich notiert, die **kapitalistische**[r] **Grundlage,** sondern **vielmehr ein glänzendes Bohèmetum, eine Atmosphäre**[100] zeigen will.

Am exaktesten zeigt THOMAS MANN das Kaiserreich, wenn er bei seinem Grundthema von der Illusion verweilt; aber dieser Effekt ist eben ein ›Zufall‹. Das Kaiserreich hatte aufgrund dreier siegreich geführter Kriege sowohl innere Konflikte mit dem Bürgertum und dem dritten Stand entschärft als auch aufgrund der Reparationszahlungen Frankreichs einen wirtschaftlichen Boom erzielt, der nach 1895 in eine industrielle Hochphase mit monopolkapitalistischen Zügen mündet. In dieser Zeit des Goldrauschs hatten auch die Spekulanten und Schwindler mit der weißen Weste Hochkonjunktur und für sie war Wilhelm II. der geborene Herrscher. Der bot seinen Bürgern ein **erhöhtes Bild**[101] ihrer selbst. Der Kaiser tritt auf, hält Reden über Gott und die Welt, ohne etwas zu sagen, und seine Getreuen bauen potemkinsche Dörfer, um Majestät von ihren gespielten Qualitäten zu überzeugen. Es ist kein Zufall, dass Krulls erstes Rollenspiel dem **Kaiser** gilt; denn Krull ist, auch wenn mit dem **Heldengreis** der Großvater gemeint ist, eine Ausgeburt dieser Operettenzeit.

Obwohl THOMAS MANN in jungen Jahren unter einem Staat litt, der den Willen zur Macht in Praxis umsetzen wollte, suchte er später in seinem hierarchisch-aristokratischen Prinzip eine Analogie zu seiner eigenen Künstlerexistenz zu finden. Der monarchische Staat garantiert ihm den Fortbestand der deutschen Tradition und Kultur. Er konnte gleichzeitig das Herrenmenschentum preußischer Junker dem Gelächter preisgeben wie das monarchische Repräsentationsprinzip für sich in Anspruch nehmen: **Man repräsentiert, man tritt auf, man zeigt sich der jauchzenden Menge; man ist nicht umsonst ein Untertan Wilhelms II.** (VIII, 416). Hinter diesem Scherz verbirgt sich die ernste Überzeugung, dass nur die Persönlichkeit des großen Repräsentanten die Geschichte vor dem Chaos bewahren kann. Was Krull im Gespräch mit seinem Kollegen Dom Carlos über die **reizende** Gesellschaftsform der Monarchie zum Besten gibt, entspricht durchaus den politischen Wunschvorstellungen THOMAS MANNS bis 1918.

5.4 Reise und Abenteuer

Nicht wenig schlug mir das Herz, als ich, wiederum zusammen mit allerlei Gestalten aus dem niederen Volk, auf der schmalen Bank eines Abteils vierter Klasse im Zuge nach Wiesbaden saß und mich auf Dampfesschwingen der Entscheidung entgegengetragen fühlte. (92)

Von Frankfurt nach Wiesbaden, das ist keine weite Reise. Sie wird aber euphorisch genug angekündigt, um mit den Motiven des Reisens im Roman vertraut zu machen. In einer schlimmen Katachrese verbindet Krull die Zugfahrt mit einer Fortbewegungsart **auf Dampfesschwingen.** Es kann ihm offensichtlich nicht schnell genug gehen und alle Möglichkeiten schneller Fortbewegung sollen im Bild untergebracht werden. Denn die Reise führt hin zu einer **Entscheidung,** zur Musterung. Wenn THOMAS MANNS Helden reisen, sind sie mit den **Gestalten aus dem niederen Volk** nicht vergleichbar: Die lassen sich in ein **nickendes Dösen** einlullen, wo der Held **wach und bereit,** unter Anspannung aller produktiven Kräfte einer Bewährung seines Selbst gewärtig ist. Schließlich weiß er sich der Entscheidung **entgegengetragen** und ist um den Ausgang nicht **ernstlich besorgt:** Die ganze Veranstaltung geschieht allein um des schicksalsgewissen Vorzugskindes willen. **Ich kann mich dann** – so THOMAS MANN über eine Fahrt mit dem Nachtzug – **der Vorstellung nicht entschlagen, als führe er einzig heute und meinetwegen** [...] (VIII, 417).

Obwohl die Eisenbahntechnik auch schon zu Krulls Zeiten ein hohes Maß an Verlässlichkeit besaß, bleibt Reisen ein **Abenteuer** (VIII, 416), weil das Abenteuer Ausdruck seines Weltverhältnisses ist. Krull ist wesenhaft Reisender, **Wanderer** (132), eine moderne Version vom Menschen am Scheideweg. Abenteuern bedeutet hier mehr als die neugierige Welterkundung des *pícaro,* Abenteuern heißt: Grenzen der Erfahrung, des Wissens, der Konvention und der Moral überschreiten.[102] Der Reisende lässt die Ordnung und die Orientierung des Gewohnten hinter sich, überschreitet die Grenze des Lethe, vergisst sein Heim und seine Herkunft und findet sich wieder in der Welt des Ungewohnten, in der er entweder Halt, Orientierung und Form verliert oder sein Glück macht und neue, gewandelte, bessere Form gewinnt. Kuckuck behandelt Krull, als er zu reisen beginnt, wie einen Homunkulus, das embryonale Wesen in der Retorte, das zu entstehen wünscht und an dem sich ein alchemistischer Prozess des Neuwerdens vollziehen muss. Der **Bildungsreisende** (384) entfaltet dabei nicht seinen alten Identitätskern, sondern gewinnt einen neuen. Wenn Krull in diesem Zusammenhang Hermes assoziiert, hat das auch für seine Reise Bedeutung, ist ja Hermes der Gott der Reisenden, Kaufleute und Wegelagerer, Grenzüberschreiter von Natur, dessen gewöhnliche Route zwischen Olymp und Hades hin- und herführt. Daher rührt – und nicht nur aus erotischen Gründen – der **Extremitätenkult** (280) Krulls: Mit seinen Hermes-Beinen steht der Mittlergott **zwischen der Welt des ganz Großen und der des ganz Kleinen** (279 f.).

Beim Reisen wandeln sich nicht nur Raum und Zeit, sondern schwinden. Im Nord-Süd-Express von Paris nach Lissabon durchwandert Krull in wenigen Stunden, geleitet von Kuckucks Allwissen, die Räume und Zeiten des kosmischen Systems. Kuckuck vermittelt kein Bildungswissen wie die Mentoren des klassischen Bildungsromans, sondern nimmt Krull an die Hand durch die Räume und Zeiträume und führt ihn zu einem neuen

Standpunkt: die Relativität von Zeit und Raum zu durchschauen und die eine **Idee, die die Natur in anfänglichen Zeiten faßte** (278), zu betrachten. Mehr als jede Weltreise ist diese Reise durch das All dazu angetan, Krulls Inneres auszuweiten.

Obwohl der unveränderliche Charakter, die **angeborenen Vorzüge** des Helden das Ziel vorwegnehmen, kann auch die **glückhafte Abzweigung** vom Lebensweg in eine **Straße der Gefahren** (254f.) münden. Venostas Stichwort vom **Experiment** (248) greift Krull so bereitwillig auf wie Hans Castorp Settembrinis *placet experiri*. Denn seine Weltfahrt führt über das Vagabundieren hinaus in ein Abenteuer des Geistes. Deshalb lehnt Krull den platten Abenteuerbegriff ab (vgl. 87). Er wagt im Sinne einer Experimentalphilosophie das Experiment einer hypothetischen Weltdeutung. Voraussetzung für diese Luftschifffahrt des Geistes ist **Selbstüberwindung,** eine Eigenschaft, die Krull ja zur Genüge besitzt (vgl. 40). Kuckucks Beispiele dafür, dass dem Sein die festen Formen, die fixen Grenzen, der archimedische Punkt fehlen, sind eine Aufforderung für den Grenzüberschreiter, sich dieses kosmische Gesetz zu eigen zu machen.

5.5 Allsympathie

Kuckucks Romanlehren gipfeln in der von der Allsympathie. Das ganze Wissen Kuckucks aus Geschichte, Ethnologie, Geografie, Biologie, Genealogie, Paläontologie, Astronomie, Mythologie, das schon zu THOMAS MANNS Zeiten veraltet war, dient nur diesem ideellen Mittelpunkt und ist auf ihn hin arrangiert und komponiert.

Man könnte ›Allsympathie‹ durchaus als moralischen Begriff verstehen; denn hinter dem griechischen Wort verbirgt sich das deutsche vom Mitleiden. Nur wer das Leiden kennt, kann auch mitleiden, seine Individualität vergessen und sich in den leidenden Anderen hineinversetzen. Mitleid hätte dann die Tendenz, das kleine egoistische Ich als wesenlos hintanzustellen. Es ergäbe sich eine Solidarität der Weltbürger in der Leidensgenossenschaft. Wäre dem so, dann verträte Kuckuck eine Perspektive, die über die ästhetizistische Krulls hinausginge und dem Roman eine Moral gäbe, die in ihm nicht, am wenigsten durch Krull, praktiziert würde. Kuckuck verträte dann SCHOPENHAUERS Moral als Idee des Werkes.

Aber Kuckuck spricht eben nicht von Mitleid, sondern von Sympathie. Er will zwar nicht das Leiden in der Welt vergessen machen, aber er besteht darauf, dass das Sein **Lust und Last** zugleich sei. In **Sympathie** schwingt eine erotische Komponente mit, die **Lust** am Sein. **Allsympathie** ist Allverliebtheit. Mitleiden würde Ichschwäche bedeuten und sich auf ein Ende des Leidens im Nichtsein richten. Kuckuck hingegen wertet diesen Gedankengang exakt um: Nur das Geformte verdient Sympathie und **unwert der**

Sympathie sei nur das Nichts (287). Formung nämlich kommt erst durch Raum und Zeit zustande; Vergänglichkeit ist folglich Vorbedingung der Form und damit der Sympathie. Sympathie fordert die Annahme der individuellen Form und Ichstärke; Mitleiden im moralischen Sinne hieße, seine individuelle Form verlieren zu wollen, sich ins **Urtümliche** der Formlosigkeit zu vergaffen und **trunken ins Wilde** zurückzusinken (286). Kuckucks Sympathie gilt dem ganzen Sein, nicht nur dem belebten, sondern allem, was Form hat, insofern es ist. Deshalb preist er Hermes als Gott der ›**Proportion**‹, ›**maßvoll als Gebilde**‹, eine ›**elegante Gottheit**‹ (279). So schließt sich der Ring der Motive. Das Werk, das mit dem Entschluss zur **Konzentration, zur Begrenzung und Gestaltung, zur Sammlung aus dem Nichts** begann, gipfelt im Preis der Vergänglichkeit als Folge der Absage an das Nichts. THOMAS MANN hat freilich den **Entschluß zur Form, Gestalt, Begrenzung, Körperlichkeit** als **Moral** bezeichnet (XI, 338). Da aber die Moral sich auf die Gestalt (das ›Werk‹) des Lebens richtet, sind Moral und Ästhetik eins. Sie fordern einen Pessimismus der Stärke, der Ja sagt zur Welt um eben der Gründe willen, um derentwillen der Nihilismus Nein gesagt hatte:

> Der Mensch braucht jetzt *nicht mehr* eine ›Rechtfertigung des Übels‹ [...] er findet das *sinnlose Übel* als das interessanteste. Hat er früher einen Gott nötig gehabt, so entzückt ihn jetzt eine Welt-Unordnung ohne Gott, eine Welt des Zufalls, in der das Furchtbare, das Zweideutige, das Verführerische zum Wesen gehört. [...]
> Auch der *Pessimismus der Stärke* endet mit einer *Theodizee,* d. h. mit einem absoluten *Ja-sagen* zu der Welt – aber um der Gründe willen, auf die hin man zu ihr ehemals nein gesagt hat [...].[103]

Der Pessimismus der Stärke verzichtet auf die Lösung der Lebensrätsel. Das Wissen, dass das erotische Spiel mit dem Leben endet, ist das Bewusstsein, das alle Vorstellungen des Menschen begleiten soll. Kuckuck verkündet in Worten, was Ribeiro ins Werk setzt: den Triumph der ästhetischen Weltdeutung über die pessimistische Verzweiflung.

6 Das Fest der Erzählung

6.1 Der hochstapelnde Erzähler

Die Zweiteilung in ein erzählendes Ich und ein erlebendes Ich schafft eine Spannung zwischen den beiden Ichs, die auch das Problem der Wahrheit betrifft. Da beide sich auf verschiedenen Lebens- und Leidensstufen befinden, kommentiert das erzählende das andere Ich, deutet es, gibt ihm unter Umständen eine neue Form. Krull treibt diese Paradoxie der Gattung bis zu ihrer Selbstauflösung. Zunächst, im Erzähleingang, scheint es noch so, als spräche ein Bekehrter und Enttäuschter, der **müde, sehr müde** (7) zurückblickt auf ein Leben, das der Erzähler moralisch be- und verurteilen wird. Auf der zweiten Seite angelangt, hat der Leser aber fast schon vergessen, dass ein Desillusionierter spricht. Weil der Sprecher Heiterkeit hochstapelt, über sich selbst in Erheiterung gerät, schreibt er am Trug seines Lebens fort. Autobiografie will Rechtfertigung, Erklärung und Urteil über ein gelebtes Leben sein: Das Kommentieren, Glossieren und Reflektieren gehört also zur Gattung notwendig dazu; Krull aber funktioniert den Erzählerkommentar zur permanenten Selbstanpreisung seiner ungebrochenen Schauspielerexistenz um. Eine Wandlung und Umkehr haben nicht stattgefunden; wie sollten sie auch, da ja die Charaktersubstanz fehlt, die verwandelt werden könnte. Weil Erzählen und Erleben sich symmetrisch, nicht dialektisch zueinander verhalten, verliert das Erzählen einen moralisch-didaktischen Anspruch. Die Normen, die Krull beim Leser voraussetzt, werden samt und sonders von Krulls Narzissmus überspielt. Wenn der Bekenner der Autobiografie die Bildungs- und Entwicklungsgeschichte seiner Seele nachzeichnet, um sich und dem Leser die eigene Person und auch ihre Verstöße gegen die herrschende Moral im Rahmen ihrer Lebensbedingungen zu erklären, zeigt Krull die Maske seiner Seele und macht gar nicht erst den Ansatz, die Umstände für seine immoralistischen Aktionen verantwortlich zu machen. Wo die Autobiografie bemüht ist, in der Rückbesinnung die Entwicklung als geschlossene Einheit zu verstehen oder zu rekonstruieren, um für das Ganze einen Sinn zu stiften, ist dem Gunstkind sein Leben von Geburt sinnvoll gefügt. Krulls **Denkschrift** (64) ist also mehr als eine Parodie der autobiografischen Literatur, sie nimmt nicht nur die alte Form, um sie mit neuen Inhalten zu füllen, sondern macht mit dem Mythos radikal Schluss, der das Gesetz der Gattung seit ihrem Bestehen geprägt hatte: dem Anspruch dokumentarisch zu sein. Weil für Krull gar nicht mehr ausgemacht ist, was Wahrheit und was Moral ist, kann er auch nicht einfach Wahrheit in Unwahrheit umkehren. Im KRULL spricht jemand, dem diese Differenz nichts gilt, weil es keinen ernst zu nehmenden Gegenspieler gibt, der den Anspruch auf Wahrheit aufrechterhielte: Die Gesellschaft ist ja demselben Schein verfallen wie der Held. Die gesellschaftliche Moral existiert nur in Krulls Reden und wird durch dieses in den Nonsens überführt. **Ich für mein Teil halte es mit der volkstümlichen Weisheit, daß, wenn zweie dasselbe tun, es mitnichten dasselbe ist.** (124) Dieser scheinnaive Satz garantiert, obwohl er sich auf eine kollektive Weisheit beruft, den Primat der individuellen vor der gesellschaftlichen Norm. Wenn Krull die moralischen Normen derart außer Kraft setzt, erledigt er die Form der Gewissenserforschung und der Beichte, deren sich die Autobiografie verdankt, weil er den Beichtspiegel vernichtet. Deshalb präsentiert sich Krull nicht als der Unmoralische, sondern als der Immoralist, der sich jenseits von Gut und Böse befindet und ein Sensorium für Wertgegensätze verloren hat. Ja ist für Krull zugleich Nein: Daraus erklären sich die zahlreichen Widersprüche des Erzählers.

Er lobt seine Fähigkeit, Spannung zu erzeugen, und beteuert im gleichen Atemzug, Proportionsgesetz und Spannungskurve nicht beachten zu wollen (vgl. 27, 34, 63 f., 90), er beansprucht Wahrhaftigkeit (vgl. 8, 301) und orientiert sich zugleich am Beifall des Publikums (vgl. S. 56, 63); er nimmt moralische Würde in Anspruch (vgl. 60, 65) und tut eben alles, den moralischen Kanon des Lesers durcheinander zu wirbeln (vgl. 50 ff., 123 f.); er behauptet zur eigenen **Unterhaltung** zu schreiben (63) – ein Topos, von dem die vorgeblich öffentlichkeitsscheuen Tagebuch- und Autobiografieautoren immer wieder Gebrauch machten –, doziert aber drauflos, als besäße er die Allwissenheit und den allgemeingültigen Wertmaßstab wie je ein aufklärerischer Erzähler; er gibt vor, rhetorische Mittel und Mittel des fiktionalen Erzählens vermeiden zu wollen, formuliert diese Absichtserklärung aber sogleich mit der Rhetorik der *captatio benevolentiae* (vgl. 63); er tut so, als wolle er verschweigen, nur um das zu Verschweigende umso lauter zu verkünden; und in allem Selbstlob, in aller Selbstliebe und Selbstgefälligkeit fehlt auch das hochstapelnde Tiefstapeln nicht (vgl. 63, 139). Krulls Erzählen hat die Lüge zur Weltordnung erhoben.

6.2 Der Autor und der Erzähler

Noch gewagter gestaltet sich das Balancekunststück des Erzählens durch das Risiko des Autors, sich mit dem Erzähler verwechseln zu lassen. Zwar lehrt die Erzähltheorie, dass zwischen Autor und Erzähler eine Grenze zu ziehen sei; aber nicht nur der naive Leser ist immer wieder versucht, diese Grenze in diesem Fall zu überspringen. Zu viel hat der Autor Krull von seinem eigenen Ich mit auf den Weg gegeben. War er es doch zuerst, der als

Knabe **Prinz** spielte um ein **prinzliches Bewußtsein** zu gewinnen[104], der die Schule so hasste, wie Krull es tut, der den süßen Schlaf pries, der sich im Lübecker Stadttheater über die provinziellen Regiedebakel amüsierte, der im ›**Travemünder Musik-Tempel**‹ ›**auf zwei Stöcken die Violine spielte**‹[105], der früh den Vater verlor, der die Militärobererersatzkommission narrte, der sein Künstler- und Glücksproblem auf Krull übertrug, in Krull seine Wunschträume vom Zauber des Rollenspiels Gestalt werden ließ und nicht zuletzt Krull seinen Ring an den Finger steckte (vgl. 231). Ringübergabe, das wissen wir von dem Ringtausch Venostas, heißt: **Sei wie ich!** (265) Das aber ist die Urformel der mythischen Identifikation. Ist THOMAS MANN wie Krull? Geht ihm die Arbeit am Roman deshalb so an die **Nerven**[106], weil Krull sein Alter Ego ist? Wir wissen es und wir wissen es nicht. Das erzählerische Versteckspiel zielt darauf, zu verbergen und zu enthüllen. Nie, es sei denn in seinen Tagebüchern, gab THOMAS MANN sich unverhüllt preis. Auch sein Bekennen bleibt noch ein Spiel. Wem Unterrockschnüffelei Vergnügen bereitet, mag auf Identifikationen ausgehen. Er wird den Narziss wiederfinden, der als **Großschriftsteller** mit der Gesellschaft seinen Frieden gemacht hat; den Träumerhans, der auszieht, die Welt der Maja zu narren; den *décadent,* der sich eine bürgerliche Verfassung vorspielt; den Dieb, der seine Erlebnisse und Leseerlebnisse für das Werk ausbeutet; den Bisexuellen, der sich auf ein Doppelleben einspielt; den **Dr. hermeticus,** der sein Ich durch mythische Spurengängerei stärkt. *KRULL* ist wirklich THOMAS MANNS **privatestes**[107] Buch, das Buch seines Lebensproblems. Aber es entzückt nicht, weil es den Autor entblößt, sondern weil es sich mit dem Leser augenzwinkernd darüber verständigt, dass Krull auch sein Medium sein könnte.

Das letzte Wagnis, das THOMAS MANN eingeht, entsteht durch Krulls Stil. Der Verdacht, dass der Stil Krulls der Stil THOMAS MANNS sei, wird ja dadurch genährt, dass der geneigte Leser erkennt, dass zwei Hochstapler am Werk sind, der Erzähler und der Autor. Der Balanceakt bestand darin, bei aller Identifikation deutlich zu machen, dass wohl Krull, nicht aber sein Autor ein zweiter MANOLESCU ist, dass also MANOLESCUS unbewusste Stilbrüche zum Erzählplan gehören. Es bedarf also einer Erzählklammer, die THOMAS MANN **Geist der Erzählung** genannt hat, die eine Distanz zum schön-dummen Erzählen Krulls sichtbar macht. Krulls Reden wird so arrangiert, als schreibe er beflissen den klassisch-bürgerlichen Aufsatz und strebe ein vorgegebenes Stilideal an, nur um es immer wieder zu verfehlen. Wer aber könnte im Einzelfall entscheiden, ob diese Stilrisiken auf das Konto Krulls oder das des Autors zu rechnen sind, wenn das Werk isoliert dastünde? Wenn THOMAS MANN nicht den **parodistisch-überspitzte[n] Ton des Stils**[108] als seine Intention ausgegeben hätte? Weil die relativierende Instanz des Autors nur erschlossen werden kann, lässt sich allenfalls im Einzelfall entscheiden, ob Parodie oder Versagen zu diagnostizieren ist; denn Krull spricht immer auch THOMAS MANNS Sprache, nur in übertriebener Weise. Letztlich ruht das Werk unangreifbar in diesem Immoralismus der Sprache: Da das stilistische Versagen zur Intention gehört, ist der Roman gegen ästhetische Vorwürfe hermetisch abgedichtet.

6.3 Die montierte Welt

26.1.1916: THOMAS MANN will seiner Mutter eine offensichtlich dringliche, versöhnliche Nachricht zukommen lassen (vgl. Mat. 9).[109] Er wählt dazu eine Reklamekarte für Fachinger Wasser: **Liebe Mama, keine Rede von erzürnt sein! Wir sind ja nicht so. Hoffentlich trifft es sich ein andermal besser. Der Abend war aber auch so ganz gemütlich.** Der Rest der Karte, die eine belebte Hotelhalle zeigt, bleibt leer, weil THOMAS MANN Interesse an dem Werbebild gewinnt, an einem sich räkelnden Herrn der besseren Gesellschaft und einem distinguiert aufwartenden Kellner. Beides veranlasst ihn zu einer Reflexion und einem Kommentar, die in den thematischen Umkreis des *KRULL* gehören: **Hôtel-Halle. Moderne ›Aristokratie‹. Der Kellner könnte ebensogut ›Herrschaft‹ sein und jemand von der Herrschaft Kellner. Es ist der reine Zufall, daß es umgekehrt ist.** Nun wird die Karte nicht mehr abgeschickt, sondern wandert ins Notizenkonvolut zum *KRULL*, weil das Thema momentan in der Schublade ruht: Der **geistige Dienst mit der Waffe,** die *BETRACHTUNGEN EINES UNPOLITISCHEN*, beschäftigt THOMAS MANN mit allen Fasern seiner Seele und darin finden die Überlegungen zum Zufall der Aristokratie einen ersten Niederschlag (vgl. XII, 484).

Erst vierzig Jahre später wird das Aperçu wieder aktuell, als Krull seinen Gestaltentausch vorbereitet: Der Vergleich zwischen Kartennotiz und endgültiger Form (vgl. 231) zeigt, dass THOMAS MANN nur den lässigen Gast, den Kellner und die Bestuhlung aus dem Bild in den Text übernimmt, den Kellner mit Krull identifiziert, diesen aber entsprechend der gewandelten Situation abseits in erlebter Rede sinnieren lässt, damit seinen eigenen Kommentar in die Gedankenwelt des erlebenden Ichs projiziert und das Bild mit den Begriffen interpretiert, die zur Problemwelt des *KRULL* gehören. Der Zufall des Bildfundes erlaubt Krull SCHOPENHAUERS Gedanken über den Zufall der Identität der Person und die geheime Einheit, also Vertauschbarkeit, der Individuen denken zu lassen.

Wie Krull setzt THOMAS MANN seine Spielwelt aus Fragmenten zusammen. Wie Krull übernimmt er das, was ihm zufällt. Er sucht nicht systematisch. Er erkennt seine Werkprobleme in dem Zufallenden wieder, identifiziert seine Werkidee in einem vorher noch beliebigen Requisit der Realität.

Immer wieder findet er im rechten Augenblick das, was sich dem Werkentwurf einfügt. Er ordnet sodann dieses Requisit in seinen Gedankenkomplex durch Notizen ein: Zu jedem seiner Werke entsteht so eine scheinbar ungeordnete Fülle von Notizen und Materialien. In der sprachlichen Transfiguration gehen alle Arten von Vorbildern und der Ideenkomplex eine enge Verbindung ein. Vom Vorbild übernimmt THOMAS MANN nur das kennzeichnende, charakteristische, in seinen Zusammenhang gehörige Detail. Alles Weitere würde einen Realitätsüberschuss bedeuten, der nicht gewünscht ist. Die Realität ist bloßes Stimulans, der Tagesrest, der das träumerische Spiel des Werkes nicht belasten darf. Der Anlass der Montage verliert in der neuen Spielwelt völlig seine Eigenbedeutung und sein eigenes Recht. Deshalb kann die Quelle auch minderer Qualität sein; das Werk gibt ihr eine andere Qualität.

Unser bekanntes Fallbeispiel zeigt einen Mosaikstein, der in die Komposition eingefügt wurde, die aus aberhundert Einzelinspirationen verdichtet ist wie das Werk des dekadenten Künstlers Aschenbach. Die THOMAS-MANN-Forschung hat diesen Prozess akribisch beschrieben[110]: Nicht immer verläuft die Montage so simpel wie in diesem Beispiel; der Montagevorgang ist ein globaler. Die Methoden und Bereiche des Montierens umgreifen selbst beobachtete und notierte Motive, Bildvorlagen, Nachrichten und Berichte aus Zeitungen. Diese Elemente sollen dazu dienen, die Vordergrundebene des Romans realistisch zu gestalten. Tagebücher, Erlebnisberichte, geografische Schilderungen lassen das Ambiente, in das die Figuren gestellt sind, plastisch werden. Wissenschaftliche und pseudowissenschaftliche Abhandlungen staffieren die essayistischen Passagen aus. Autobiografische Elemente sind zunächst Hilfen, dem Werk Wirklichkeit zu geben, dienen dann aber auch dem ironischen Versteckspiel. Fabelmuster und Formmuster anderer literarischer und musikalischer Dokumente helfen der Erfindungskraft auf, können aber ebenso gut auf parodistische Weise integriert werden. Philosophische Orientierungen organisieren alle genannten Momente auf ein inneres Zentrum hin, diktieren die Selektion aus dem Chaos des Vorgefundenen und lenken die Anverwandlung.

Die Montage als Gestaltungsprinzip steht also nicht im Dienst einer Widerspiegelung der Realität, sondern schafft eine Scheinrealistik, hilft mit zu blenden.[111] Der schöpferische Akt ist nicht der des Erfindens (wie beim Originalgenie), sondern der des Findens, Selektierens, Einordnens, Komponierens des Vorgefundenen: **Wenn ich aus einer Sache einen Satz gemacht habe – was hat die Sache noch mit dem Satz zu tun?** (X, 16)

6.4 Der betrogene Leser

Mundus vult decipi, heißt MANOLESCUS wie Krulls Devise. Sie bestimmt auch die Erzählsituation Krulls. Deshalb schafft THOMAS MANN einen antiquierten Erzähler-Leser-Bezug, der die Figurenbeziehung in der erzählten Welt noch einmal spiegelt.

Mit dieser Erzählweise kehrt er in die Frühzeit des Erzählens zurück, in der ein Erzähler-Ich alle Unwahrscheinlichkeiten, Abenteuerlichkeiten und schockierenden Situationen durch seine Person als wahr verbürgt. **Daher werden gerade die unglaubwürdigsten Erzählungen, phantastische Reisebeschreibungen und Utopien [...] in die Ich-Form gekleidet.**[112] THOMAS MANN treibt diesen Perspektivismus des Erzählers, der ein Strukturmoment der Ich-Erzählung ist, auf die Spitze. Krull ›setzt‹ vor den Augen des Lesers seine Welt. Und er setzt seinen Leser. Der ist da als ›**geneigter**‹, ›**mitfühlender**‹, ›**feinfühlender**‹, ›**urteilender**‹, ›**ernsthafter**‹ Leser (102, 123, 262, 288), er ist der Adressat der Appelle und Apologien des Erzählers, ihm wird der Erzählvorgang selbst scheinbar transparent gemacht, der Leser **tritt auf** als Kritiker des Trivialen[113], formuliert Einwände und Vorwürfe (vgl. 87). Erfahrungen und Mitfühlen, Miterleben, Wissen und Durchschauen des Lesers werden antizipiert und nach Sachlage entkräftet (vgl. 112, 126, 133, 160). Vor allem aber konstruiert der Erzähler in seinen Adressen an das Publikum eine moralisch-ästhetische Werthaltung (vgl. 50 ff., 123 f., 191 f.) des **unbekannten Leser**[s] (52), die den Unbekannten auf eben jenes Bürgertum festlegen will, das auf der Ebene des Erzählten die Welt ausmacht, die betrogen werden soll. Die ästhetischen Normen dieses Leserbürgers heißen: ›**Reinlichkeit des Stiles**‹, ›**Schicklichkeit des Ausdrucks**‹ (64), ›**Proportion**‹ (34) und sind klassische Normen der Rhetorik; der moralische Kodex wird mit ähnlichen Etiketten wie **Schicklichkeit** (52), **guter Ton** (124) versehen. Der Erzähler konstituiert einen solchen impliziten Leser nur, um ihn zugleich und sogleich aus den Automatismen seiner Lesererwartung herauszureißen, indem er den ästhetischen und moralischen Vorwurf fingiert, um ihn zu entkräften. Die Apologie dient nicht nur – wie im Schelmenroman – der Sympathiewerbung beim Leser, sondern zerstört dessen Wertesystem. Der Schlingel Krull leistet also Erstaunliches: Er bricht die Moral seines Lesers auf. Letzte Raffinesse dieses Verführungsspiels ist es, dass Krull, wenn er falsch spielt, seine Karten immer aufdeckt. Seine Offenheit selbst ist das Mittel des Betrugs. Er gewährt dem Leser die seltene Möglichkeit, die Identifikation mit der Verantwortungslosigkeit, die Gefährdung seiner Lebensordnung, die Entlastung vom moralischen Zwang zu genießen. Verschwörerisch wird der Leser einbezogen in eine fiktive Konspiration gegen ein Publikum, das **krasse Kunsterzeugnisse** goutiert, also **übersättigt** und **abgestumpft** (63) ist, indem Krull gegen die bürgerliche Leseerwartung, die sich auf den mit **Knalleffekten** ausgestatteten Abenteuerroman richtet, **eine gewisse feine Eindringlichkeit und edle Wahrhaftigkeit** (64) setzt. Indem der Leser so an der Konstruktion des Erzählens, am Erzählvorgang selbst scheinbar beteiligt wird, verschmelzen Erzähler, Figur und Leser zur Identität, zur Verschwörungsgemeinschaft der neuen Welt des Immoralismus. Diese Gemeinschaft existiert ausschließlich in der ästhetischen Welt, der Welt des Werkes.

6.5 Das Schelmenstück der Parodie

Scheinbar ohne alle aufklärerisch-didaktische Gebärde gebärdet sich dieser Unbildungsroman doch noch einmal in ironischer Weise didaktisch, indem er das **Fabeln** den **Romanschreibern** überlässt und den Roman der **Knalleffekte** (63 f.) in die Parodie und ins Faustische überführt, ausweitet in ein Monstrum, das die **groß' und kleine Welt** zeigen soll, ein Monstrum, das gar nicht mehr Roman, sondern Weltdrama, **Weltgedicht** sein will, eine **Wanderung im Grenzenlosen**[114] von Himmel, Welt und Hölle.

3000 Jahre schauten auf ihn herab, wenn er THOMAS MANN begegne, schrieb Brecht.[115] Wir haben verfolgt, wie selbst ein scheinbar leichtgeschürztes Werk wie der *KRULL* mit Dimensionen versehen wird, die hinter MANOLESCUS Memoiren weit zurückreichen in die Tradition der Autobiografie, des Bildungsromans, des Schelmenromans, des Künstlerromans, des Dramas, des Gesamtkunstwerks, und Märchen wie Mythos in die Parodie mit einbezieht. Der Sinn der Parodie und der Travestie ist ambivalenter Natur: **liebevoll und auflösend.** Liebevoll suchen sie die Tradition in die Zeit des Normenverfalls und des Vergessens hinüberzuretten; aber sie ahmen nicht nur nach, sondern sie eifern auch nach; mit den mächtigen Vorbildern stehen sie in einem Konkurrenzverhältnis; gegen sie müssen sie sich beweisen und ein eigenes Ich aufbauen. Besonders der Romancier befindet sich in Deutschland seit der Klassik, die den Roman als ›Halbbruder der Poesie‹ denunziert hatte, unter dem Legitimationsdruck, die Würde dieser Gattung beweisen zu müssen. So kam es darauf an, der Dichtung Respekt zu verschaffen, indem dem Vordersinn ihrer an Effekten drallen Abenteuerwelt ein parodistischer Hintersinn ›zugedichtet‹ wurde. Diese romanimmanente Didaktik und Selbstveredlung hat THOMAS MANN bewusst angestrebt, und auch das wieder in Anlehnung an Muster, GOETHE zum Beispiel.

Die Ausweitung des parodistischen Konzepts in einen mythologischen Roman erzielt eine Didaktik, die THOMAS MANNS elitärer Anspruch so beschreibt: [...] **die Künstler, denen es nur um eine Coenakel-Wirkung zu thun ist, war ich stets geneigt, gering zu schätzen. Eine solche Wirkung**

würde mich nicht befriedigen. ***Mich verlangt auch nach den Dummen.***[116] THOMAS MANN adressiert sein Werk an zwei diverse Leserschichten bzw. schafft eine bildungssoziologische Schichtung des Publikums. Die Dummen hat man als Leserbürger definiert.[117] Der Leserbürger liest die Hochstaplergeschichte, den Roman in der Tradition des bürgerlichen Realismus, der die Welt als Vorstellung spiegelt. Diese Vordergrundsebene macht die Popularität aus. Der eigentliche Adressat bleibt aber immer der Leserartist, um dessentwillen die Vordergrundsebene transparent gemacht wird: Der liest den parodierten Bildungsroman, die GOETHE-Parodie, den mythologischen Roman usw. Der Leserartist weiß, dass das Kunstwerk der Moderne später Vorposten der Vorbilder aus der Zeitentiefe der abendländischen Kulturgeschichte ist. Er vergleicht, kombiniert, vollzieht die Anspielungen und parodistischen Umwertungen nach. Der Autor hofft, durch dieses Fest der Beziehungen das Werk der Zeitgebundenheit zu entreißen, und spekuliert auf den Ruhm. Nur die Zeit wird erweisen, wie zeitlos sein Werk dadurch geworden ist, dass es sich an einen zeitgebundenen Bildungsbegriff gebunden hat.

6.6 Stilproben

6.6.1 Rhetorik des Epigonen

Ich verlor von Anfang bis Ende [...]. Welch eisige Dusche auf meine glühenden Hoffnungen! [...] Ich sah mich zugleich nach irgend einer Magdalena um, die mich in meinem Pech ein wenig trösten sollte. Eine solche war nun wesentlich leichter zu finden als die Milliarden, die ich in Monte Carlo suchte. Aber kaum hatte ich das Atrium dreimal durchmessen, als ich, statt auf eine dieser geschmeidigen Elfen, auf eine voluminöse, jüdisch aussehende Dame stieß, die ich ganz in Gedanken und ohne jede Nebenabsicht anstierte. Sie hatte zweifellos bereits die Schlacht bei den Thermopylen als Zeitgenossin miterlebt oder konnte zum mindesten meine Stammutter sein; denn sie hatte anscheinend schon einige hundert Jahre hinter sich und trug sicherlich genau so viel eigenes Haar auf dem Schädel, als man auf einer Melone findet. Als diese ehrwürdige Vertreterin des schönen Geschlechts wie eine Gans, die ihren Pfuhl verläßt, vorüberging und sich von mir angestarrt sah, schleuderte sie mir einen Blick zu, der – gleich den Armmuskeln des testamentarischen Simson – die Marmorsäulen des Atriums hätte ins Wanken bringen können, und bei jedem Begegnen steigerte sie ihr Bombardement. Zuerst wollte ich deutlich werden; da ich mir jedoch eine Zerstreuung davon versprach, dieses wassersüchtige Monstrum näher zu studieren, erwiderte ich endlich ihren schmachtenden Blick mit sehnsüchtigem Äugeln. Die alte Reliquie aus griechischer Vorzeit glaubte wahrhaftig sofort, daß mich der Liebe schmerzhaft-süßer Pfeil beim Anblick ihres schönen Ballon-Captif-Körpers blitzähnlich getroffen habe. Sie näherte sich mir sofort mit ausgestreckter Hand, rollenden Augen und einem öligen Lächeln auf ihren Klaviertasten und fragte mich mit flötendem Baß, ob ich mich ihrer noch von Wiesbaden her erinnere.[118]

Das muss genügen als Beispiel für die Art, in der Krulls Vorbild, GEORGES MANOLESCU, erzählt. Diese Erzählweise hatte beim bürgerlichen Publikum offensichtlich Erfolg, obwohl es selbst das Opfer dieses Erzählens war. Einerseits bemüht sich MANOLESCU um das Niveau der Bildungssprache seiner Zeit: Er besitzt Bildungswissen, zitiert die Quellen (Magdalena, Simson, Thermopylen) und streut, was er weiß, in sein Sprechen ein; er blendet mit Hochwertwörtern (**Atrium**), um sich mit der Aura des Exquisiten zu umgeben; er nutzt sein Angeberfranzösisch (**Ballon Captif**) wie Vater Krull; er weiß, dass ein poetischer Sprachduktus (wie die dem hohen Stil entlehnte Anastrophe **der Liebe schmerzlich-süßer Pfeil**) seinen Leser an die klassische Tragödie erinnern wird; er kennt den paradoxen Reiz des Oxymorons und lässt seine Worte gelegentlich jambisch schwingen. Die Dame der Gesellschaft aber, die hier sein Opfer wird, wird durch das Erzählen erneut geopfert, diesmal den antisemitischen Vorurteilen des Lesers. Dies Verfahren rechtfertigt und entschuldigt den Betrug. So durch seinen Kotau vor der Gesellschaft geschützt, darf der Stil das zweite Gesicht MANOLESCUS zeigen, das der Borniertheit und Menschenverachtung: Triviale Vergleiche (**Melone**) verbinden sich mit Vulgärem (**Gans**) und Infantilem (wenig später nennt er ein Auto **Töff-Töff**), Pleonastisches (**alte Reliquie**) mit unsinnigen Wortverwechslungen (**testamentarisch** statt **alttestamentlich**). Im Ganzen treibt der Hochstapler alles ins Überdimensionale (Blicke werden geschleudert, Zähne werden zu **Klaviertasten,** vollschlanke Damen zu Fesselballons) und häuft die überpointierten Bilder an wie Diebesgut. Der Stil gleitet ab ins Unkontrollierte, wächst aus ins Kindlich-Fantastische und lässt pathologische Züge erahnen.[119] Wie der **flötende Baß** dieses Monstrums lebt MANOLESCUS Erzählen von einer paradoxen Monstrosität: einer Welt, in der **Mann gegen Mann steht**[120], mit den Flötentönen des schönen Scheins aufzuspielen, um die offizielle Moral zu unterwandern. Diese Welt, die die Memoiren als Beichte eines Genies gefeiert hat, hat die Basstöne der Aggression als Lizenz durchgehen lassen.

Man wird ermessen können, dass die Janusköpfigkeit dieses Stils den Stilakrobaten THOMAS MANN reizen musste, aber auch, welch **heikelstes Balancekunststück** er damit auf sich nehmen würde:

> **Was mich aber stilistisch bezauberte, war die noch nie geübte autobiographische Direktheit, die mein grobes Muster mir nahelegte, und ein phantastischer geistiger Reiz ging aus von der parodistischen Idee, ein Element geliebter Überlieferung, das Goethisch-Selbstbildnerisch-Autobiographische, Aristokratisch-Bekennerische, ins Kriminelle zu übertragen.**[121]

Zu dieser einen Bürde kommt also die zweite hinzu, GOETHES Meisterlichkeit des Stils, die die Bildungssprache des 19. Jahrhunderts prägte, in das Hochstaplerische zu integrieren. THOMAS MANN parodiert nicht so sehr direkte Episoden aus *DICHTUNG UND WAHRHEIT,* sondern den **Styl**

selbst[122], seine charakteristischen Gesten: die weitgeschwungenen Satzgefüge, die parataktische Reihung, die Stauung des Gefüges durch Adverbialia, Partizipien und Parenthesen. GOETHES Art, Sinneinheiten der Sätze zu gruppieren, Zweier- und Dreiergruppen von Substantiven und Adjektiven fast tautologisch, reimend und stabreimend Zusammengehöriges durch die Lautgestalt zu kombinieren, das reihende ›und‹ durch ›teils – teils‹, ›bald – bald‹, ›wo nicht – so doch‹ zu ersetzen, antiquierte Verbformen zu benutzen oder das charakterisierende Attribut ins Typische zu abstrahieren – all diese Eigenheiten lassen sich im zweiten Abschnitt der Erzählung schon identifizieren (vgl. 8 f.).[123] Die Karikatur zielt nicht auf Einzelnes, sondern auf die *gravitas*, das Gewichtige, des GOETHE'schen Altersstils. Der Anspruch auf Würde soll mit schelmischer Versatilität unterlaufen werden.

GOETHES Klassizismus, die typische Wortwahl, die Übernahme altsprachlicher Syntagmen (Partizip), die Archaismen, die gewollte Simplizität, war durch **subtile**[n] **und neue**[n] **Abschattungen** so zu brechen, dass das ›**Geschliffen-Herkömmliche**‹, das ›**Formelle**‹, ›**ja Formelhafte**‹ (VIII, 456) hervortrat wie in GOETHES anderem parodistischen Abbild, Gustav von Aschenbach.

Was wird aus Selma Rosenberg – so heißt das bizarre Opfer MANOLESCUS –, wenn sich Krulls Stil ihrer annimmt? Man vergleiche die Szene, in der Krull Mme. Houpflé aus dem Pelz hilft und Madame ihr **heiße**[s], **sehnsüchtige**[s] **Begehren** (181) kundtut (177 f.)!

Auch Krull liebt das Preziöse. Das kostbare, möglichst fremdsprachige Wort soll die Atmosphäre der *beau monde*, den Hauch des Internationalen und der Weltläufigkeit eratmen lassen. Dass der Aufzug **Ascenseur** heißt, gebietet einfach die Aura eines Pariser Nobelhotels. Wie bieder-banal würde ›Schneiderkostüm‹ klingen; **Tailormade** hingegen fängt die Eleganz des Kostüms im Wort ein. Eine Mme. Houpflé trägt keinen Pelz, sondern ein **Pelzwerk;** denn die Wortkombination erst lässt den Refrain dazu erklingen, dass Krull sich **ans Werk** macht, wenn er ihr aus dem Rauchwerk hilft. Damit überhöht er die triviale Entkleidungsszene zum ›Werk‹, zur Kunst. Werk und Wirkung ist alles, auch das Alltägliche. Das Geschäft des Liftboys ist es ja, das Alltägliche zu adeln, der Existenz der schönen Welt mit dem Schein der Würde aufzuhelfen. Die Politur, das Arrangement, die Ausschmückung, die geschwungenen Linien, die Schnörkel sind der Ausdruck dafür, dass der Knecht vergafft ist in die Oberfläche, dass sein ›Werk‹ Oberfläche schaffen will:

> **Welche Gunst ist es doch, über einen polierten und gefälligen Ausdruck zu verfügen, der Gabe der guten Form teilhaftig zu sein, die mir jene geneigte Fee mit zarter Hand in die Wiege legte und die mir für das ganze hier laufende Geständniswerk so sehr vonnöten ist! (301 f.)**

Wenn also Manolescu aus dem hohen Stil ins Gemeine abstürzt, will Krull das Banale zum Adligen veredeln.

Krull liebt wie Manolescu die Häufung: Variationsketten, Zweier- und Dreiergruppen und -rhythmen laden aus wie barocke Möbel. Aber wo Manolescu sich überbietet, seinem Hass durch die Beschreibung des Hässlichen Genüge zu tun, huscht Krull schnell über das Problematische hinweg: Eine **gewellte weiße Strähne, erbleicht vor dem übrigen**, genügt um anzudeuten, dass Madame ›über die besten Jahre hinaus‹ ist. Während Manolescu das Abstoßende verstärkt, will Krull nicht nur selbst gefallen, sondern dehnt seine Gefälligkeit auf die Welt aus und bildet sie dem Leser gefällig ab. Wie in die Welt ist er in die Sprache verliebt.

Die magnetische Anziehungskraft zwischen der Welt und Krull spiegelt sich im Wort: Krull betreibt Worterotik. Der Dialog zwischen ihm und Madame verzahnt sich durch das Wortspiel, den Wortrefrain und die Alliteration, sodass sich eine verbale Fuge über das Thema ›Zeit‹ entwickelt. Statt eines ›Ich habe jetzt keine Zeit‹ bedarf es eines Umweges, der über den lieben Gott führt, um dasselbe zu sagen. **Wollte Gott, meine Zeit erlaubte mir** [...] Darauf Mme. eher platt: **Du hast keine Zeit für mich?** Es folgt ein ausladender Schnörkel über die Ungunst des Augenblicks. Die erneute Frage Madames dann erst passt zu ihr, der Schriftstellerin: **Aber du hättest Zeit für mich, – wenn du Zeit für mich hättest?** Durch die Paronomasie und den Chiasmus gewinnt sie den hohen Stil, um endlich zur konkreten Frage nach dem ›Wann‹ zu gelangen, die sich der verschlungene Dialog aufspart, um die Lust am Wort auszukosten. Krull hat Recht, wenn er meint, in **einer so reizenden Beschäftigung nach Belieben** fortfahren zu können; denn der Dialog nimmt das Bettspiel schon vorweg.

Die Selbstgefälligkeit Krulls verlangt danach, dass auch der wenig hellhörige Leser seine Artistik registriert. Er muss darauf aufmerksam machen, dass er seine Worte geordnet hat, und das nicht nur, um seine Sprache zur Musik, zur geordneten Fugensprache werden zu lassen. Denn Madame hat ihn **verblüfft** und in die Verblüffung müssen erst Ordnung und Fassung gebracht werden. Die Produktion des schönen Scheins ist eine formale Leistung der Selbstbeherrschung, in der alles auf das Kalkül gebaut ist. Warum ist Krull so verblüfft? Madame hat ihn mit Alliterationen angeredet: **Du entkleidest mich, kühner Knecht?** Mit der epischen Formel (**sprach sie das Wort**) wird die Bedeutung des Vorgangs durch den erzählenden Krull noch pointiert. Etwas Heroisches spielt sich offenbar ab, das Krull nur erahnt. Für den sprechenden Krull verlangt die Bedeutung des Augenblicks nach einer formalen Revanche. Den Dingen seine Deutung gebend und in der Beschäftigung nach Belieben fortfahrend, fällt er in den alliterierenden Duktus ein. Auch dass er den Umweg über den lieben

Gott nimmt, sieht nur vordergründig nach Arabeske und Rankenwerk aus, haben wir ja gesehen, dass Madame mit ihrem Wagner-Zitat dabei ist, die Szene ins Mythische zu verwandeln. So wird das Gespräch zum **Gesang** (182): In Worten Musik zu betreiben war das Stilideal Thomas Manns. Nach allem, was wir wissen, sollte sein Romanwerk das eigentliche Gesamtkunstwerk der Moderne verwirklichen.

Das heißt, dass Krulls Stil zwei Funktionen hat. Indem er das Triviale durch den opulenten und antiquierten Ausdruck überhöht, entlarvt er sich als Epigonen, der wie ein Klassiker schreiben möchte, aber des Zeiten-, Bewusstseins- und Sprachwandels nicht gewärtig ist; andererseits nutzt der Autor das Steile des Stils, um augenzwinkernd die Alltagssituation für das hohe mythische Muster transparent zu machen. Und umgekehrt: Die epigonale Stilgeste zerstört die klassische Simplizität und mit ihr die Glaubwürdigkeit des mythischen Modells.

6.6.2 Der Sieg der Form über das Chaos

Wenn ein Hochstapler erzählt, muss der Leser auf der Hut sein. Denn Krulls Hochstapelei spielt im Wort. So wie das erzählte Ich hochstapelt, um vor der Oberersatzkommission epileptische Anfälle zu simulieren, so vollbringt das erzählende Ich seine letzte, glanzvollste Leistung im Erzählen des Romans.

> ›Er empfing ein kirchliches Begräbnis‹, sagte ich mit ringender Brust, und meine Erregung war zu groß, als daß ich die Dinge der Ordnung nach hätte vortragen können. ›Dafür kann ich Beweis und Papiere beibringen, daß er kirchlich bestattet wurde, und Erkundigungen werden ergeben, daß mehrere Offiziere und Professor Schimmelpreester hinter dem Sarg schritten. Geistlicher Rat Chateau erwähnte selbst in seiner Gedächtnisrede‹, fuhr ich immer heftiger fort, ›daß das Schießzeug unversehens losgegangen sei, als mein Vater prüfungsweise damit hantiert habe, und wenn seine Hand gezittert hat und er nicht völlig Herr seiner selbst war, so geschah es, weil groß Ungemach uns heimgesucht hatte …‹ Ich sagte ›groß Ungemach‹ und gebrauchte auch sonst einige ausschweifende und träumerische Ausdrücke. ›Der Ruin hatte mit hartem Knöchel an unsere Tür geklopft‹, sagte ich außer mir, indem ich sogar zur Erläuterung mit dem gekrümmten Zeigefinger in die Luft pochte, ›denn mein Vater war in die Netze böser Menschen gefallen, Blutsauger, die ihm den Hals abschnitten, und es wurde alles verkauft und verschleudert … die Glas … harfe‹, stotterte ich unsinnig und verfärbte mich fühlbar, denn nun sollte das ganz und gar Abenteuerliche mit mir geschehen, ›das Äols … rad …‹ (106)

Krulls Raffinesse benutzt die Wirklichkeit als Spielmaterial; sie zerlegt das Gewesene in Fragmente und setzt sie in ein neues Mosaik, das Weltmosaik der Fantasie, zusammen. So münzt er das Unglück um ins Glück. Des Vaters Konkurs, die Liederlichkeit der Familie, der Suizid werden keinesfalls verschwiegen, sondern artistisch umgewertet. Krulls Ironie besteht also nicht darin, das Gegenteil des Gemeinten zu sagen; er zeigt die Wirklichkeitsausschnitte durchaus, wie sie sind, aber er ordnet sie in ein neues Bedeutungsgefüge. Würde er die Fakten verschweigen, würde der Musterungskommission die Erklärung für seine Epilepsie fehlen. So wie er sie herauspresst und zu Wort bringt, scheinbar gegen seinen Willen und poetisch verfremdet, gereichen sie zum Glück, vom Militärdienst befreit zu werden. Das Wort stiftet den Kosmos im moralischen Durcheinander der Wirklichkeit. Es schafft die Wirklichkeit neu. Krulls Sprechen bemäntelt und rechtfertigt das Dasein zugleich; es rechtfertigt, indem es bemäntelt. Aus dem Revolver, mit dem sich der alte Krull umgebracht hat, wird ein **Schießzeug**, aus dem Suizid **groß Ungemach**, der Konkurs wird zum **Ruin**, der **mit hartem Knöchel an die Tür** klopft. Die Archaismen entrücken das zeitgenössische Geschehen in ritterlich-heroische Vorzeiten; die Personifikation des Ruins verschiebt die Misswirtschaft ins Schicksalhaft-Unverschuldete; die Anspielung auf Beethovens Wort über das Kopfmotiv seiner fünften Sinfonie (**So pocht das Schicksal an die Pforten**) macht bildungsbürgerliche Assoziationen möglich und unterstreicht den naturgewaltig-schicksalhaften Charakter des Vorgangs. Der gehäufte Gebrauch von Wortfeldern aus dem Bereich des gesellschaftlich Anerkannten (Titel, juristisch beglaubigte Dokumente) im Zusammenhang mit einem gesellschaftlich illegitimen, abweichlerischen Verhalten treibt die Tatsachen durch die Andeutung umso deutlicher hervor. Über Vater Krulls Tod wird aber niemand trauern; es kommt nicht einmal so recht zu Bewusstsein, dass hier vom Tod gesprochen wird. Wer so daherplappert, ist unfähig zu trauern und will auch keine Trauer erregen. Die Komik, die sich aus der Unangemessenheit des Sprachgewands ergibt, zerstört alles Tragische. Der Seilakrobat, der so über den tragischen Grundcharakter des Daseins hinweggaukelt, kann nicht fehltreten, weil der Fehltritt schon in sein Gelingen eingeplant ist. Es gilt das, was Krull von dem **Equilibristen** im Zirkus Stoudebeker sagt, der den Misserfolg als Mittel des Erfolges umfunktioniert: **Möglicherweise war alles Absicht, denn desto rauschender, mit Bravogegröl vermischt, war selbstverständlich der Beifall der Masse**, als er beim dritten Versuch **ohne Wank dort oben stand** (197).

Krull behauptet zwar, dass ihm die **Ordnung** seiner Worte durcheinander geraten sei, und endlich entgleiten ihm auch die Worte, mit denen er das Schicksal des Vaters entschleiernd verschleiern will. Die **ausschweifenden und träumerischen Ausdrücke** verlieren ihre syntaktische Form, ihre Konsistenz, ihre Präsenz; die Metaphern müssen gestisch unterstrichen werden und das Ganze mündet in eine schreckliche Katachrese: In die Netze böser Menschen gefallen, wird dem Vater von Blutsaugern der Hals abgeschnitten. Die Bilder und Assoziationen gehen durcheinander; Kommerzielles, Tierisches, Biblisches vermischt sich, der Anakoluth läuft aus in letzte Assoziationen und Aposiopesen (**das Äols … rad …**). Die Wirklichkeitspartikel von Krulls Jugend liegen zerstreut da und zeigen in dieser Verwüstung eine zerstörte, ›abenteuerliche‹ Wirklichkeit an. Der Sprechende aber täuscht seine epileptische Bewusstlosigkeit nur vor, verfällt nie selbst darein und vermag in seinem überbewussten Zustand das Zerstreute zu sammeln und neu zu ordnen. Immer triumphiert die bewusste Formgebung, weil das Erzählen die Wirklichkeit schön arrangiert.

6.7 Schreibweisen der Ironie

THOMAS MANN und Ironie sind Wechselbegriffe. Die Ironie hat hier aufgehört ein Stilmittel zu sein. Sie ist eine Lebenshaltung, ein Lebensmittel. Als Stilmittel wird Ironie aus der Diskrepanz von Schein und Sein definiert als Gegensatz zwischen Gesagtem und Gemeintem. Als Lebensmittel fördert Ironie eine Perspektive auf die Wirklichkeit, kennzeichnet einen Standpunkt, von dem aus das Subjekt die Wirklichkeit erkennt und beschreibt.

Die ironische Optik auf die Dinge hat den Glauben verloren, dass sich die Welt in einem System des Denkens und der Sprache begreifen lässt. Sie bezweifelt den Anspruch des Subjekts, einer überzeitlich existierenden Wahrheit habhaft werden zu können. Sie überbietet den Zweifel Descartes' an der Realität der Außenwelt, indem sie auch die Existenz eines einheitlichen und ganzheitlichen Subjekts bezweifelt: Das Subjekt zerfällt in ein Konglomerat von Kraftzentren, die Verschiedenes sehen, wissen und wollen. Der jeweilige Standpunkt und die jeweilige Interessenlage in diesem Ensemble von Strebungen bestimmen den Erkenntnisakt und die Verengung der Perspektive auf isolierte Aspekte. Die Erkenntnisunsicherheit des modernen Subjekts hat also zwei Gründe: dass das Objekt nur unter bestimmten Aspekten erscheint und dass das Subjekt an seine Struktur, seinen Standpunkt und sein Wollen gebunden ist. Mit dieser Krise des Subjekts ist auch die Krise des Erzählens geboren: Weder kann ein in sich geschlossener ›Aktant‹ noch ein Erzähler die Einheit und Wahrheit verbürgen und auch das Wort ist ›**abgenutzt**‹, ›**vermodert**‹[124] und kann keinen umfassenden Sinngehalt mehr repräsentieren: **Das Wort,** so Krull, gleicht, **insofern es Taten bezeichnen soll, einer Fliegenklatsche, die niemals trifft.** (50)

Der Erzähler muss die Eindeutigkeit, die einen absoluten Standpunkt voraussetzt, kompensieren, indem er versucht dasselbe Phänomen von verschiedenen Standpunkten aus zu betrachten und zu benennen.[125] Schulmäßig hat THOMAS MANN diesen Perspektivenwechsel in der Müller-Rosé-Episode vorgeführt. Die Optik des Bürgers vor den Kulissen des blendenden Scheins der Inszenierung verhält sich gegensätzlich zu der entlarvenden des wissenden Künstlers hinter den Kulissen. Keineswegs aber ist nach dem traditionellen Sein-Schein-Verhältnis die eine Perspektive wahr und die andere falsch, sondern beide umkreisen das eine Phänomen und brechen es in ein Spektrum von Bedeutungen auf, dessen Facetten sich gegenseitig relativieren. Im betrachtenden Subjekt löst dasselbe Phänomen sowohl Faszination als auch Kritik aus.

Das schließt nicht aus, wie es sich gerade beim frühen, um Überlegenheit ringenden THOMAS MANN zeigt, dass Ironie zersetzend wirken kann. Die Aufwertung der narzisstischen Perspektive Krulls gerade im frühen Romanteil führt die Abwertung des Nicht-Ich durch Karikatur und Groteske mit sich. Die Ironie übertreibt durch das Mittel der Reduktion, hebt Typisches durch isolierende Vergrößerung und Vergröberung hervor und überschreitet die Grenze zwischen den Seinsbereichen:

> **Er war unser Hausarzt [...] – ein langer Mann von schlechter, gebückter Haltung und mit aufrechtstehendem eselgrauem Haar, der in fortwährender Abwechslung seine lange Nase zwischen Daumen und Zeigefinger hindurchzog und sich die großen, knochigen Hände rieb.** (43)

Schon steht der Esel und nichts sonst vor Augen. Die Konzentration der Perspektive auf den einen Aspekt, die Verschiebung des Attributs ins Animalische, die Isolation einer einzigen Geste vernichten das Objekt der Betrachtung. Oder:

> **›Weggetreten!‹ wiederholte die scharf näselnde Stimme, und ein neuer Name ward aufgerufen. ›Latte‹ lautete er, wie ich mich erinnere, denn nun war der Buchstabe L an der Reihe, und ein Strolch mit struppiger Brust erschien auf dem Plan.** (111)

Herr Latte hat keine Chance vor den Augen des Erzählers; denn der sprechende Name und die tierischen Details, unterstrichen durch die Alliteration, haben den Inskribenten ›erledigt‹ wie ein Pfeil, der ins Schwarze trifft. Doch muss im Bewusstsein bleiben, dass diese aggressive Form der Ironie zusätzlich gebrochen ist durch das elitäre Erzählerbewusstsein Krulls. Sie kann nicht zur Satire werden, weil Krull die moralische Instanz nicht ist, die Fehlformen der Realität mit einer Hoffnung auf Veränderung kritisieren dürfte.

Später hat THOMAS MANN die Ironie nicht mehr so bitterböse praktiziert. Da wird sie zum Zeichen seines Überlegenheitsbewusstseins. Sie bemüht sich um Geduld mit der unvollkommenen Wirklichkeit. Wenn sie im Beschreiben das Ding umkreist, abtastet und unter wechselnder Optik betrachtet, zeigt sie die heroische Tugend der Gelassenheit. Das Untersuchen der Phänomenoberfläche ist der Grund für die Betulichkeit, die Umschweifigkeit, das scheinbar Abschweifende von THOMAS MANNS Stil, dessen Wesen manieristische Häufung ist. Man sehe nur, wie viele Prädikatsnomina Mme. Houpflé braucht, um ihrer Liebesverzweiflung Ausdruck zu geben: **C'est un amour tragique, irraisonable, nicht anerkannt, nicht praktisch, nichts fürs Leben, nichts für die Heirat.** (186) Keineswegs sagt sie mit jedem Prädikatsadjektiv dasselbe. Die radikalsten Widersprüche (**tragique – Heirat**) rahmen ein Glissando von **Verkehrtheiten** ein, an denen Mme. Houpflé leidet. Die Worte tasten sich gleichsam an die Sache heran, gewinnen durch die Paraphrase Konturen und präzisieren: **Aber das Göttliche, das Meisterstück der Schöpfung, Standbild der Schönheit, das seid ihr, ihr jungen, ganz jungen Männer mit den Hermesbeinen.** (185) Was der Leser dadurch kennen lernt, ist nie die Wirklichkeit, sondern die Relation zwischen Subjekt und Objekt, die Art, wie Erzähler oder Figur der Wirklichkeit begegnen.

Auch die berühmte Adjektiv-Kombinatorik Thomas Manns folgt aus dem Misstrauen gegenüber der mimetischen Qualität des vermoderten Wortes. Kombinationsgruppen wie diese: ›**töricht und wonnig**‹, ›**gerührt und andächtig**‹, ›**stumm, blind und selig**‹, ›**keck und ebenbürtig**‹, ›**schläfrig und träge**‹, oder die typischen Bindestrich-Adjektive: ›**köstlich-schmerzhaft**, ›**der Anblick des Schönen und Glücklich-Vollkommenen**‹ sind einer einzigen Seite entnommen (31 f.). Erfassen die Wortkombinationen das Gegensätzliche oder scheinbar Gegensätzliche, erfüllt die Ironie ihren höchsten Zweck, in der Mitte zwischen zwei Extremen zu ›schweben‹. Die Aussage will alles umgreifen, was zwischen den Polen liegt, und wie in einem Glissando die Zwischentöne zwischen den Extremtönen erfassen. Das Oxymoron wie die *contradictio in adjecto* erzeugen ein irisierendes Flimmern statt eindeutiger Farbtöne: **Ihr werdet immer sein, der Schönheit kurzes Glück, holdseliger Unbestand, ewiger Augenblick.** (187) Während **ewiger Augenblick** als Paradox und Faust-Parodie noch eine mystische Deutung erlaubt, verzichtet das Folgende gänzlich auf Festlegbarkeit, sodass die Wortwerte austauschbar werden: **Der Geist ist […] verliebt […] ins Schöne und Göttlich-Dumme.** (184) Durch den Bindestrich gekoppelt, ergeben das Sem **göttlich** und das Sem **dumm** eine schockierende Konfrontation, eine *association sacrilège*, die schematisierte Ansichten (hier die des Christentums) zerstört und das Ideologische, das ideologisch eindeutig definierte Substrat des Wortes, zerstört. Weil sie schwebend immer wieder zur Mitte tendiert, entschärft die Ironie die Gegensätze, die Konfrontationen und Konflikte.

Dass Thomas Mann keinen Lapidarstil schreibt, sondern den Satz aufbläht, vorzüglich reiht, aber auch verschachtelt, hypotaktisch verkompliziert oder durch Parenthese blockiert, folgt aus dem komplizierten Verhältnis des Beschreibenden zu einer komplexen Wirklichkeit. Auch die Syntax will alles auf einmal umgreifen, einen möglichst weiten magischen Kreis schlagen, der die Wirklichkeit im Wort bannt. Von Anfang an tritt Krull als Schreiber von THOMAS-MANN-Sätzen auf: **Indem ich die Feder ergreife, um in völliger Muße und Zurückgezogenheit – gesund übrigens, wenn auch müde, sehr müde (so daß ich wohl nur in kleinen Etappen und unter häufigem Ausruhen werde vorwärtsschreiten können), indem ich mich also anschicke** [...]. Mit der doppelten Parenthese drängt und schachtelt er die Informationen ineinander, dass die Logik dem eigenen Anspruch nicht gewachsen ist und der Nebensatz in einer Art von Anakoluth neu ansetzen muss. In einem solchen Satzgebilde travestiert THOMAS MANN sein eigenes Stilwollen, auch das Hundertste und Tausendste noch mit zu benennen. In Krulls Sprache zielt das Scheitern auf die Inkongruenz von Anspruch und Vermögen. Wiederholung, Anadiplose, Zwei- und Dreigliedrigkeit, Tautologie, Satzstörung, Anastrophe und Hyperbaton sind eingeplant als Zeichen der emotionalen Beteiligung oder des Versagens:

> **Ich lebe in meiner sogenannten Verkehrtheit, in meines Lebens Liebe** [Anastrophe, Zweigliedrigkeit], **die allem zum Grunde liegt, was ich bin, in dem Glück und Elend** [Zweigliedrigkeit] **dieses Enthusiasmus mit seinem teueren Schwur** [Dreigliedrigkeit], **daß nichts, nichts** [Wiederholung] **in dem ganzen Umkreis der Phänomene dem Reiz gleichkommt jugendlicher Früh-Männlichkeit** [Hyperbaton], **– in der Liebe** [Hyperbaton] **zu euch, zu dir** [Zweigliedrigkeit], **du Wunschbild, dessen Schönheit ich küsse mit meines Geistes letzter Unterwürfigkeit** [Anastrophe, Hyperbaton]! (186)

Am Ende ist Krulls Stil eine einzige Parenthese, weil die Abschweifung vom Wege zu seinem Weg gehört.

Dass er den Faden verliert, kann man ihm im Letzten nicht anlasten. Weil alles zur Sache gehört, kann man auch nicht mehr von Abschweifungen sprechen: Alles hat zu allem Bezug. Der Essay als umfänglichste Form der Digression beeinträchtigt zwar die ›Handlung‹, aber die Erörterung gehört hier zum Spiel. Die Begründung der Handlung überwuchert die Handlung und hat die Tendenz sie zu ersetzen. Der Essay, der so harmlos als Kommentar und Abschweifung beginnt, macht diesen Romantyp aus, den THOMAS MANN den **intellektualen Roman** genannt hat. Das seiner selbst und seines Lesers nicht mehr gewisse Erzählsubjekt muss seine Handlung erklären, weil eben der Normenrahmen fehlt, innerhalb dessen sich Erzähler und Leser ehedem verständigen konnten. Die Polyphonie der Stränge macht erst paradoxerweise die Einheit des Ganzen aus. Man stelle sich den Roman vor ohne Krulls vermittlungsfreudige Überlegungen, ohne die großen Gespräche und Referate der Figuren. Es bliebe ein dürftiges Handlungsgerüst übrig, das der Zufall diktiert hätte. Nicht unter logischen, sondern unter thematischen Gesichtspunkten bindet der Essay die Episoden, die ins Unendliche wachsen könnten, zusammen. Aber auch diese

Klammer ist keine normative. Es ist kein Zufall, dass die Selbsterörterung im Essay geschieht, dem der systematische Umgang mit dem Begriff fremd ist. Der Essay entspricht der experimentellen Lebens- und Welterfahrung und bricht die Herrschaft des Begriffs.

Das Vertrauen der Klassik in das Wort macht das Symbol zum Ideal dichterischen Sprechens. Die Klassik glaubte daran, dass die millionenköpfige Hydra der Empirie im Symbol gebannt werden könnte, dass also im begrenzten Wort durch Bedeutungen ein nicht ausschöpfbarer Sinn der Natur vermittelt werden könne, weil alles Wörtliche nur ein Gleichnis einer allgemeinen Ordnung sei, in deren Rahmen Leser und Autor verbunden sind und sich verständigen können. Diesen Glauben an die Verbindung von Natur und Wort hat die Sprachkritik zerstört. Die Natur hat den Schlüssel zum Verständnis der verbrauchten Bilder weggeworfen. THOMAS MANNS Sprach- und Bildkritik lässt die Sprache gerade an ihrem Bilderreichtum immer wieder scheitern. Metaphern werden so zusammengefügt, dass sie ein veraltetes, gestelztes, schiefes oder unsinniges Bild ergeben. Die Katachrese entlarvt die Leere des Wortes, die Erstattung von ehemaligen Gleichnissen und Zeichen für die Wahrheit zu Formeln durch die Beliebigkeit der Kombination: [...] **hier muß ich meiner Feder Zügel anlegen und der Versuchung, gleich alles vorauszusagen, aus Berechnung noch etwas widerstehen.** (90) Beide Metaphern sind in sich schon antiquiert, maßen sich aber Erlesenes an: die ›Feder‹ die urtypische Situation des inspirierten Dichters mit dem Gänsekiel, die ›Zügel‹ die des aristokratischen Reiters und Ritters; beides zusammen ergibt, in seiner ursprünglichen Plastizität vorgestellt, Nonsens. Nicht anders steht es mit den oben beschriebenen archaischen Bildern, die Krull der Musterungskommission zum Besten gibt, um den **Ruin** des Vaters zu veranschaulichen. Absichtsvoll entgleitet die Sprache in **ausschweifende und träumerische Ausdrücke** (106) im Rahmen eines epileptischen Anfalls; denn der Bildsalat soll den Mythos vom seherischen Genie karikieren (vgl. 110), dem nachgesagt wird, im Zustand der Ekstase den Sinn des Seins symbolisch offenbaren zu können. **Wer weiß heute noch,** fragt THOMAS MANNS Teufel in *DOKTOR FAUSTUS* mit NIETZSCHE, **wer wußte auch nur in klassischen Zeiten, was Inspiration, was echte, alte, urtümliche Begeisterung ist** [...]? (VI, 316)

6.8 Beziehungsgewebe

Weil die Ironie schwebend immer wieder zur Mitte tendiert, entschärft sie die Gegensätze, die Konfrontationen und Konflikte. Der späte THOMAS MANN wollte mehr als nur über allem stehen, wenn er die Ironie als hermetische Kunst der Mitte pries: **Ich bin ein Mensch des Gleichgewichts. Ich lehne mich instinktiv nach links, wenn der Kahn rechts zu kentern**

droht, – und umgekehrt.[126] Mit NIETZSCHE ist er davon überzeugt, dass die Aufhebung des Gegensatzes Vermenschlichung und Humanisierung bedeutet, insofern sie vor Verabsolutierungen bewahrt und seismografisch auf ideologische Fixierungen reagiert. Sie leistet einen Beitrag zur aufgeklärten Skepsis gegenüber einem in die Kausalität und den Satz vom Widerspruch gebannten Denken.

Freilich droht die Gefahr, dass, wenn die Gegensätze sich reimen, auch die Werkeinheit verloren geht. THOMAS MANN hat nicht die Konsequenz moderner Prosaisten gezogen, nur noch die Oberfläche zu beschreiben oder weiße Seiten zu produzieren. Er weiß, dass die Wirklichkeit nicht mit Logik, nicht mit Kategorien und Anschauungsformen angemessen erfasst werden kann, aber er stemmt sich gegen den Sprachzerfall und schafft werkinterne Klammern, die das Zerfallende zusammenhalten sollen.

Als kleinste Einheit des Bindens und Verbindens dient die Alliteration. Sie zeigt – wie bei WAGNER – in der Lautgestalt die Einheit selbst des Gegensätzlichen. Kuckucks Lehre vom Sein endet in der Coda: **Sein sei nicht Wohlsein; es sei Lust und Last.** (287) Der Stabreim vermittelt die Extrempole auf der Skala des In-der-Welt-Seins und lässt einen mystischen Zusammenfall der Gegensätze erahnen. Mit höchster Raffinesse ist der Konjunktiv gewählt, der sich ebenfalls alliterierend mit **Sein** und **Wohlsein** verbindet.[127] Er changiert zwischen indirekter Rede, Möglichkeitsform und Wunschform: Was das Sein ist, weiß nach diesem Satz niemand; er glaubt nur zu wissen oder zu wünschen oder als Möglichkeit anzunehmen, dass das Sein und die Negation von Wohlsein in irgendeiner Weise durch die Kopula ›sein‹ verbunden sind.

Naturgemäß verbindet sich die Alliteration mit dem Wortspiel. Das durch grammatische Veränderung mit den Zusammengehörigen spielt, wie in unserem Beispiel Mme. Houpflé:

> **›Sie haben den Wunsch geäußert, Madame‹ – erwiderte ich, indem ich mich ihrem Lager näherte.**
> **›Den Wunsch? Tat ich das? Du sagst, den Wunsch, und gibst vor, den Befehl zu meinen [...], meinst aber in deiner ungeheuren Keckheit, ja Unverschämtheit, ›das Verlangen‹, das heiße, sehnsüchtige Begehren [...] ›den Wunsch‹! Sag mir doch wenigstens, du Wunschbild, Traum meiner Sinne [...], ob du [...] diesen Wunsch ein wenig zu teilen wagtest!‹** (181 f.)

Die aufgeregte Erotik der Suada ist unüberhörbar. Sie äußert sich sprachlich darin, dass die Houpflé das Stichwort, das Krull ihr liefert, aufgreift, verändert, in Synonyme überführt und immer doch nur dasselbe sagt, was der ›Partner‹ sagt. Die Sprache verbindet im Wortspiel und endlich in der ausklingenden Alliteration auf ›w‹ die beiden in einer Variation des Gleichen und verschmilzt die Individuationsgrenzen. Wie auch im folgenden besonders abgefeimten Beispiel aus Mme. Houpflés, der Literatin, Repertoire: **Nenn es Verkehrtheit, aber ich verabscheue den Vollmann mit dem Vollbart, die Brust voller Wolle, den reifen und nun gar den bedeutenden Mann – affreux, entsetzlich!** (185) Was wird hier nicht alles durch Alliteration und Wortspiel zusammengezwungen! **Der Vollmann mit dem Vollbart, die Brust voller Wolle** muss ein Musterbild der Virilität sein, auch wenn das anlautende ›v‹ ins an gleicher Stelle artikulierte ›w‹ abgleitet. Dass es aber eine Verkehrtheit sei, eine solche Fülle an Männlichkeit und Potenz nicht lieben zu können, muss bezweifelt werden. Der Abscheu vor dem dominanten Partner erscheint nach so viel Wortverachtung als Ausdruck der Emanzipation. Das Wortspiel wertet bourgeoise Wertungen des Geschlechtsverhältnisses um. – Unterentwickelt im Vergleich zum *Joseph* oder zum *Erwählten* ist im *Krull* Thomas Manns Bindemittel der Sprachmischung. Sie hat das Ziel dem Wort an die Wurzel zu gehen, nach einer Etymologie zu fragen und dort nach seinem Wesen zu forschen. Je vielsprachiger das Werk, umso mehr erfasst es vom Wesen des Menschen. Vater Krulls Angeberfranzösisch, Krulls Sprachbegabung, Mme. Houpflés Grenzexistenz als Elsässerin, die Reise Krulls rund um die Erde lassen aber Möglichkeiten genug, nicht nur die babylonische Sprachverwirrung, sondern auch die Einheit des menschlichen Geistes in der Verschiedenheit des Sprachgewandes zu dokumentieren.

Nicht anders kettet das Leitmotiv die Phänomene zusammen. Es geleitet nicht nur eine Person durch ihre Lebensstationen, sondern kommentiert Dinge, Situationen und Konstellationen. In der Wiederholung findet Veränderung statt, in der Veränderung bleibt aber derselbe Sachverhalt präsent. So kann durch Wiederholung und Veränderung Verschiedenes gleichzeitig anklingen. Das Leitmotiv garantiert die ideelle Einheit des Werkes, es überzieht alles mit einem Netz der Beziehungen. Ein Beispiel: Von der ersten Seite an weiß jeder, dass der Künstler Schimmelpreester sich seinen Professorentitel anmaßt. Zwei Themen sind damit angeschlagen, das von der fragwürdigen Bürgerlichkeit der Familie und das vom Schauspieler-Künstler. Beide Motive relativieren sich gegenseitig. Mit dem Phidias-Thema vom kriminellen Athener Bürger und Künstler (vgl. 25) gewinnen die beiden Motive zeitübergreifende Bedeutung. In der Musterungskomödie dient der Professorentitel (vgl. 100) des Gelehrten (vgl. 105) als Spielmaterial für den Schauspieler, in der Vorstellungsszene wirken Schimmelpreesters karnevalistische Natur (**kurioser Kauz**) wie seine bürgerliche Reputation (**Was, Professor ist er auch?**; 152 f.) fernwirkend und entscheidend auf die Hochstaplerkarriere ein. Der so dissonant eingeführte Pate intoniert mit seinem Namen aber auch das einheitsstiftende Thema des Romans. Er besagt, dass die Natur **nichts als Fäulnis und Schimmel** (24) sei.

Die Familie Krull setzt gegen diese Weltdeutung den Kontrapunkt mit ihrem **Freut euch des Lebens** (11) und erhält die Quittung für diese Fehleinschätzung durch den Konkurs. Professor Kuckuck, diesmal ein echter Professor, kein Kauz (152), sondern ein Kaustiker (vgl. 286), verbindet durch seine oben beschriebene Alliteration beide Extreme zu **Lust und Last** (287). Krulls große Rede über Liebe, Schönheit und Form endlich dient nur dem Zweck, den Kauz zu widerlegen, der die Natur zum Schimmel erklärte und **sich zu deren Priester** machte (372). In diesem motivischen Rahmen ist also die ›Philosophie‹ des Romans zwischen ihren extremen Polen verklammert. Die Leitmotivik ersetzt den eindeutig definierten Begriff durch ein Gewebe von Wortzeichen, das umfassend beziehungsfähig ist. Es überwindet auf seine Weise Raum und Zeit und stellt die Illusion der Zeitlosigkeit und Gleichzeitigkeit her (so wie in den einzelnen Büchern alle Kapitel Variationen auf dasselbe Thema sind und Entwicklung nur vortäuschen).

Unterrichtshilfen

1 Didaktische Aspekte

Die Weisheit des Horaz, dass die Unterhaltungsfunktion eines Textes kein sekundäres Phänonomen, sondern ein konstitutives ist – konstitutiv, weil sie das Verhältnis von Text und Leser erst begründet –, hat ein Didaktiker ausgesprochen. Die Unterhaltung macht die ästhetische Seite der Aufklärung aus. **Man könnte die Leute schon amüsieren, wenn sie nur *amüsabel* wären**[128], soll Goethe geseufzt haben. Und nicht wenige meinten, dass es ein nationaler Charakterzug der Deutschen sei, sich nicht amüsieren lassen zu wollen. Der Literaturunterricht verzichtet also nicht auf seine aufklärerische Aufgabe, wenn er sich zum Ziel setzt, dass auch das Sich-Amüsieren gelernt sein will.

Weil Thomas Mann den Graben zwischen Wirklichkeit und Spiel nicht nur aufreißt, sondern zu seinem zentralen Thema macht, bleibt ein zweckorientierter Bezug zur Realität erhalten. Wie ein Tagtraum ist die Lektüre des Romans als **exaktes Phantasieexperiment** auf eine Bewusstseins- und **Welterweiterung**[129] aus.

Der literarische Tagtraum verführt aber nicht zur Flucht, sondern setzt bewusste Steuerung voraus. Die Wunscherfüllung wird vom Bewusstsein begleitet, dass die imaginierte Realität in positivem Gegensatz zur negativ erlebten Umwelt steht. Der Roman lässt nie den Verdacht aufkommen, als wäre die Wirklichkeit in Richtung auf seine Wunschwelt veränderbar. Nicht Veränderung der Welt, sondern Bewältigung der Welt im Spiel ist sein Ziel.

Das Programm der ästhetischen Weltbewältigung trägt seine eigene Didaktik in sich. Der Tiefsinn, der sich heiter gibt, lässt endlose didaktische Kombinationen zu. Der Literaturdidaktiker braucht seine Didaktik nicht zu konstruieren, sondern bloß aufzufinden, indem er sich vom Gegenstand führen und verführen lässt, sich von einem Schelmenroman leiten lässt, um am Ende einer utopischen Welt ansichtig zu werden. Wenn der Unterricht den Leserbürger etwas von der parodistischen Tiefendimension erahnen lässt, kann er den künftigen Leserartisten erziehen helfen.

Da wir zudem gut unterrichtet sind über die Entstehungsstufen des Romans, bietet das Werk die nicht gering zu achtende Chance, einen Blick in die Hexenküche des Schriftstellers zu werfen. Ein Roman aus der *décadence* eignet sich vorzüglich, Kunst als ein Gemachtes und Machbares vorzustellen.

Wem schließlich Thomas Manns Ironie als ›Standpunktlosigkeit‹ didaktisch fragwürdig erscheint, der möge bedenken, dass die Ironie aus dem Verzicht entsteht und aus der Einsicht in die Grenzen des Wissen-Könnens. Ironie als Perspektivismus zu vermitteln dürfte demnach zur Humanisierung der menschlichen Vernunft beitragen. Weil Thomas Mann keine absoluten Wahrheiten verkündet, ist sein Werk didaktisch wertvoll.

Der Roman sollte niemandem zugemutet werden, der mit den Techniken einen größeren epischen Zusammenhang zu bewältigen noch nicht vertraut ist. Die Komplexität des Gegenstandes setzt voraus, dass die Schülerinnen und Schüler die Verfahrensweisen des Fachs kennen gelernt haben, sodass *Krull* möglichst noch nicht in der 11. Jahrgangsstufe gelesen werden sollte, in der erst die methodische Sicherheit entwickelt und die Schüler/innen anhand kleinerer Formen in die Techniken eingeführt werden. In der Regel bestehen in dieser Jahrgangsstufe noch Schwierigkeiten mit dem Dekodieren dieses Romans und so wird das angestrebte ästhetische Vergnügen am Gegenstand deshalb bald ausbleiben. Die bei einer ersten Romanlektüre vorzuziehende Methode, entlang der Romanhandlung zu erschließen, ist dem *Krull* unangemessen, da in ihm ein Thema mit Variationen durchgespielt wird. Zumindest die Besprechung der beiden letzten Bücher muss themenorientiert-großräumig erfolgen.

Um die Besprechung nicht von Anfang an mit Problemen der Quantität zu belasten, empfiehlt es sich, das erste Buch expositionell zu behandeln. Das lässt sich entstehungsgeschichtlich, thematisch und strukturell legitimieren: Das erste Buch ist ein in sich geschlossener Variationenkreis, die zentralen Themen (das mythologische ausgenommen) werden angeschlagen, als Schilderung einer ›Sozialisation‹ endet es mit dem Abschluss der primären Sozialisationsphase. Aufgrund der Begrenztheit lassen sich Strukturelemente und Erzähltechniken besser isolieren als mit Blick aufs Ganze, und der Roman wurde danach zugunsten des *Tod in Venedig* unterbrochen, sodass eine gesonderte Besprechung auch die Möglichkeit zulässt die Verschiebung in Stil und Intention zu beobachten. Didaktisch hat dies den Vorteil, dass die Schüler/innen mit

Stunden	Thema	Didaktische Aspekte (Inhalte/Ziele)
1./2.	Die erste Seite des Romans (Krull als Erzähler)	Probleme der autobiografischen Erzählhaltung (Selbstliebe und Selbstgericht, erzählendes und erlebendes Ich, Dichtung und Wahrheit, Exhibitionismus und Maskenspiel). Die Sinnauflösung des bekennerischen Erzählens durch den Hochstapler (Kriminalität des Erzählers, Maskenspiel des Erzählens, Leserbetrug, Fehlen der Selbstkritik, Umwertung der Werte). Die Figur des Erzählers und die Erzählsituation (Selbstlob, Kommentare, Konstituierung des impliziten Lesers)

den essayistischen Passagen, vor allem denen des dritten Buches, nicht allein gelassen werden. Durch die Besprechung des ersten sind Leseerwartung und Verstehensdisposition schon so gelenkt, dass dem nicht verstehenden Missvergnügen an den letzten Romanteilen vorgebeugt ist.

Daraus ergibt sich die methodische Konsequenz, die Ergebnisse der Besprechung des ersten Buches mit besonderer Intensität zu festigen, Maßnahmen zur qualitativen Sicherung einzuführen und in der ersten Phase vor allem fragend-entwickelnd vorzugehen. Die Vorschläge sind so strukturiert, dass eine Kenntnis des gesamten Romans ab der 5. Stunde wünschenswert ist. Ist ein solches Lesetempo nicht zumutbar, können die Transferfragen, die vom Einzelnen ins Allgemeine gehen, ausgespart werden. Das zweite und dritte Buch könnten durchaus in Gruppenarbeit behandelt werden. Schreibübungen sollten die Analyse von Anfang an begleiten, um dem üblichen Missverhältnis von langfristiger Analyse und erst abschließender Lernerfolgskontrolle vorzubeugen. Deshalb finden sich unten auch Aufgaben, die mit einer mehr problembezogenen Fragestellung einsetzen.

3 Unterrichtssequenz

Abkürzungen

GA	= Gruppenarbeit	PA	= Partnerarbeit
GK	= Grundkurs	PRO	= Produktionsorientierte Aufgaben- oder Themenstellung
HA	= Hausaufgabe	Re	= Referat
KRef	= Kurzreferat	SV	= Schülervortrag
LK	= Leistungskurs	UG	= Unterrichtsgespräch
LV	= Lehrervortrag		
Mat.	= Material		

Methodische Realisierung/ Verlauf	Hausaufgabe
Äußerung von ersten Eindrücken zum Leseerlebnis; Titelanalyse; Sammeln von charakteristischen Merkmalen des Erzählers Krull; Vergleich von Erzähler-Ich und erlebendem Ich; Vergleich mit der autobiografischen Erzählhaltung Rousseaus, Problematisierung des Wahrheitsanspruchs der Autobiografie, Vergleich mit Krulls Erzählhaltung UG: Welche Erfahrungen haben Sie mit Krulls Erzählmethode gemacht? Welche Konsequenzen ergeben sich aus der Absicht eines Hochstaplers Bekenntnisse erzählen zu wollen? Was bezweckt Thomas Mann damit, dass er einen Hochstapler zum Erzähler macht? Erläutern Sie, in welcher Situation sich der Erzähler befindet, welche Selbsteinschätzung er als Erzähler besitzt, inwieweit er den Leser in sein Erzählen einbezieht.	Wie ist Krulls Hochstaplernatur zu erklären? Welche Entwicklungsphasen hat sie im ersten Buch durchlaufen (Skizze)?

Stunden	Thema	Didaktische Aspekte (Inhalte/Ziele)
3./4	Krulls Sozialisation	Beginn *ab ovo;* Wurzeln von Narzissmus und fantastischem Weltverhältnis; das soziale Umfeld (Elternhaus, Pate, Gäste); Schein-Sein-Verhältnis in der feinbürgerlichen Familie; Ausgrenzung gesellschaftlicher Institutionen (Clique, Schule, Militär); die Lehre vom vorherbestimmten, unveränderlichen Charakter

Methodische Realisierung/ Verlauf	Hausaufgabe
GA: Vergleichen Sie damit die erste Seite aus Rousseaus *Confessions* (s. Mat. 1): Beschreiben Sie die Impulse Rousseaus für die Abfassung der *Confessions*. Welchen Anspruch verbindet Rousseau mit seinem Bericht, wie autorisiert er ihn? Wie sind dieser Anspruch und die Glaubwürdigkeit zu bewerten? UG: Wie verhalten sich Rousseaus und Krulls Erzählmotivation zueinander? LV zum Begriff der Parodie	
Erklärung der Funktion des ersten Buches; Besprechung der HA: Auflistung der Sozialisationsinstanzen, Charakterisierung der ›Häuslichkeit‹; Aufteilung der Elemente nach Sein und Schein; Korrespondenzen zu Krulls Charakter UG: Was würde dem Roman verloren gehen, wenn er mit II, 7 begänne? Welche Wirkung haben Familie und Gäste auf Krull? Welche Instanzen fehlen in seiner Entwicklung und warum? PA: Beschreiben Sie die Herkunft Krulls geordnet nach dem Schein-Sein-Gegensatz (Tafelbild):	Lektüre von Thomas Manns Essay *Süsser Schlaf* (XI, 333 ff.; s. Mat. 2)

	Vater	Schimmel-preester	Mutter/ Olympia Gäste/Düsing	Schule	Krull
Schein	– Schaumwein – Französisch – Etikette – Umgangsformen – Geselligkeit	– Professorentitel – bürgerliche Reputation	– Institution des Hausarztes (103) – gesellschaftliche Repräsentanz – Verlobung mit Leutnant	– Qualifikation für bürgerliche Karriere	– Rollen- und Namenswechsel – Ausdehnung des Ichs – Naturverbesserung – Wunderkind – Begabung für schöne Form – Ehrfurcht vor der schönen Welt – Modellstehen
Sein	– Unehrbarkeit – Untreue – Konkurs – gesellschaftliche Schande – Theaterliebhaber – Leichtlebigkeit, Bohème – Suizid	– Werbedesigner – Karnevalist – ›Künstler‹ – Phidias-Paradigma	– Dominanz des Lustprinzips, Geistlosigkeit – lockere, leichtlebige, zwielichtige Gäste – Olympia als Operettendiva – Arzt als Schauspieler aus Konvention	– ›Zuchthaus‹ – Drill, Disziplin – Unterdrückung der Fantasie	– Fälschung, Diebstahl – sexuelle Ungebundenheit – Unbürgerlichkeit – Infantilität – Dominanz der Fantasie – Schlaf und Traum – Freiheitsdrang – Leiden – Einsamkeit

Stunden	Thema	Didaktische Aspekte (Inhalte/Ziele)
5.	Das philosophische Modell des Romans (12 f.)	Funktion des Schlafes: Regress ins Unbewusste, Regeneration, Verlust der Identität, Neuschöpfung, Paradox von Schlafsucht und Weltliebe
6.	Krulls Rollenspiel (I, 4.6)	Der dekadente Künstler; Analogien zwischen Krull und dem Künstlerbild der Jahrhundertwende; Thomas Manns Schauspielernatur Das preußische Schulsystem, das Verhältnis von Bürger und Künstler am Beispiel Schule, Vergleich mit heutiger Schulorganisation
7./8.	Das Zentrum des ersten Buches: der Künstler (I, 5)	Das problematische Verhältnis von Realität und Fiktionalität, Schein-Sein-Verhältnis im Müller-Rosé-Kapitel, doppelte Optik, die Zentralkomposition des ersten Buches

Methodische Realisierung/ Verlauf	Hausaufgabe
Analyse des Essays im Vergleich mit *Krull:* psychologische und metaphysische Dimensionen des Schlafes; Präzisierung des Welt- und Gesellschaftsverhältnisses Krulls; Beschreibung des Verhältnisses von Narzissmus und Leistung; Transfer der Ergebnisse auf die weitere Laufbahn Krulls UG: Worin unterscheidet sich Krulls Schlaf vom Verdrängungsschlaf (Beispiel Schulangst)? Warum sucht Krull nach gesellschaftlicher Wirkung? Welche Mittel setzt er dazu ein? Wie vereinbaren sich Schlafsehnsucht und Weltliebe? Welche Funktion hat der Schlaf in Krulls weiterer Laufbahn (54, 119, 288 f.)?	Wie stellt Krull es an die Welt zu blenden (Beispiel: I, 4)?
Vergleich zwischen Genieästhetik und Darstellung des Wunderkinds Krull; Vergleich zwischen Krulls Existenzweise und der des Künstlers Information über die preußische Schule und Thomas Manns Schulerfahrungen; Analyse von Krulls Kritik des Bürgers und der Schule; Aktualisierung LV oder KRef über die Genieästhetik GA: Inwiefern unterscheidet sich Krulls Künstlerbild von der Genieauffassung? Warum lässt Thomas Mann Krull bei seinem ersten gesellschaftlichen Auftreten einen Künstler mimen (Einbezug der HA)? Welche Bedeutung hat es, dass Mann hier ein eigenes Erlebnis verarbeitet? Welche Funktion hat die Szene für Krulls weitere Laufbahn? UG: Analysieren Sie die Gründe für Thomas Manns (s. Mat. 3) und Krulls Ablehnung des Schulsystems. Wie stellt Krull es an, sich der Schule zu entziehen? Zeigt sich der Gegensatz von kreativer Freiheit und Stundenplanschule auch heute noch?	Überblick über die Kapitelfolge des ersten Buches (in Stichworten)
Diskussion von Theater-(Film-)Erlebnissen; Analyse und Strukturierung der widersprüchlichen Theatereindrücke Krulls, vorläufige Beschreibung des Perspektivismus (Standpunkt, Erkenntnisinteresse, Zweipoligkeit des Erzählens), Informationen zum Ironiebegriff UG: Welche Eindrücke hat Ihnen das Theater vermittelt (oder Anknüpfung an den Starkult)? Wie erfährt Krull das Verhältnis von Realität und Fiktionalität bei seinem Theaterbesuch (s. Tafelbild S. 97)? Ordnen Sie die widersprüchlichen Eindrücke in Kategorien (vor den Kulissen – hinter den Kulissen; Theaterbau, Theaterstück, Schauspieler, Wirkung).	1. **Krull ist nicht Person, sondern Personifikation** (Dieckmann). Diskutieren Sie diesen Gegensatz anhand der Rollenspiele Krulls im ersten Buch. 2. PRO: Formulieren Sie die Charakteristik Gustav Aschenbachs (s. Klausurvorschlag 7) so um, dass sie auf Krull zutreffen könnte.

Stunden	Thema	Didaktische Aspekte (Inhalte/Ziele)
	Additum LK (1 Stunde)	
	Der Künstler der *décadence*	Die innere Biografie des jungen Thomas Mann (Kunst und Leben), Aufgabe der Kunst in der Klassik und in der Dekadenzliteratur, philosophische Einflüsse auf Thomas Manns Ästhetik (Schopenhauer, Nietzsche)

Methodische Realisierung/ Verlauf — **Hausaufgabe**

Tafelbild:

	Vor den Kulissen	Hinter den Kulissen
	Rosé:	Müller:
Theaterbau:	– **Kirche des Vergnügens** – Prunk der Architektur – Glamour	– Dunkelheit, Spuk – Schmutz, stickige Luft
Theaterstück:	– musikalisch-erotischer Zauber – Problemlosigkeit – Happyend	– alberne Operette
Schauspieler:	– Vollendung des Äußeren und Inneren – Ideal: **Traum- und Musterbild**	– Tünche – Pickel – vulgär-ordinäre Sprache – Infantilität (Witze) – Wirkungssucht
Wirkung:	– gesellschaftliches Ereignis, Neugier – Lebensdrang, Lebensfreude – Verführung (Insektenbild) – Neid, Identifikationswunsch – Selbstvergessenheit	– Ekel – Verführung als Manipulation – kleinbürgerliche Zuschauer: Flucht in Illusion – Einverständnis mit Betrug: Selbstbetrug
	Schein	Sein

Wie kommt es zu den unterschiedlichen Wertungen? LV zum Ironiebegriff
In welcher Position ist das Kapitel im ersten Buch angesiedelt (Einbezug der HA)? Welche Beziehungen bestehen thematisch zwischen ihm und den anderen?

Information über Thomas Manns Anfänge; Kontrastierung von moralisch-religiöser und ästhetizistischer Kunstauffassung; Vergleich mit dem Künstlerbild Krulls

KRef zur Biografie
PA: Stellen Sie die gegensätzlichen Auffassungen von Kunst und Künstler in Wyslings Aufsatz heraus.
UG: Welche Ursachen hat diese Wandlung des Künstlerbildes? Welche dieser Auffassungen trifft auf Krull zu und warum?

HA zur Stunde: Lektüre von Ausschnitten aus Hans Wyslings *Schwierigkeiten mit Thomas Mann* (s. Mat. 4)

Lesen Sie das Märchen *Der gestiefelte Kater* und vergleichen Sie es mit *Krull.*

Stunden	Thema	Didaktische Aspekte (Inhalte/Ziele)
9./10.	Krull als Märchenheld	Typus des Märchenhelden: Ambivalenz von Sein und Schein, sozialer Aufstieg, Selbstverwirklichung, Wanderer, Isolation, Helfer, Erwählter, Wunder, Allverbundenheit; Märchenstrukturen im Roman: Glück, Abenteuer, Gestaltenwandel, Requisiten, Helfer, Aufstieg zum eigentlichen Sein, Allsympathie, Episodik, Durchbrechen von Raum, Zeit, Kausalität; Krulls Grenzüberschreitung (II, 7): Verklärung der Realität ins Märchenhafte
Additum LK (2 Stunden)		
	Krull als Hermes	Elemente des Hermes-Mythos, Identifikation direkter Romananspielungen: 185 f., 198, 244, 254, 314 f., 343, 354 f., 389, Präformationen des Hermes-Musters im frühen Fragment (Schönheit, Dieb, Kunst, Hermaphroditismus, Kindlichkeit); Funktionen des Mythos (Archetyp, Muster der Imitation, Psychologisierung des Göttlichen und Überhöhung des Menschlichen); Kuckuck als Zeus, Maria Pia als Hera und Demeter, das Stieropfer im Corrida-Kapitel (III, 11)
11./12.	Krulls Erotik	Krulls Narzissmus (Selbstgenuss, Ich-Ideal, Bindungslosigkeit, Eros und Karriere, Einsamkeit); Unterschiede zur pathologischen Form des Narzissmus; deviante Formen der Sexualität im Roman, deren Wertung und Rechtfertigung; Kulturleistung des Narzissmus

Methodische Realisierung/ Verlauf	Hausaufgabe
Erörterung des Identifikationswunsches des Lesers; Beschreibung der Merkmale des Märchenhelden anhand des *Gestiefelten Katers;* Vergleich mit anderen Märchenhelden, Entwurf einer Typologie; Transfer auf Krull; Synthese: Krull und die Realität; Anwendung durch Analyse der Märchenelemente in II, 7; Erweiterungsmöglichkeiten: weitere märchenhafte Stationen von Krulls Lebensbahn UG: Warum verführt Krulls Schicksal den Leser zur Identifikation? Was macht das Märchenhafte am Schicksal des Müllersohnes aus? Worin unterscheidet sich das märchenhafte Erzählen vom realistischen? Was verbindet Krull mit dem Typus des Märchenhelden? Wie verhält sich Krulls Schicksal zur Realität? GA: Untersuchen Sie II, 7 auf märchenhafte Motive (bes. 129-132, 139-143). Warum wird gerade der Grenzübertritt Krulls ins Märchenhafte verschoben?	Analysieren Sie Krulls Vorstellung bei Stürzli (II, 8) als Station in der Karriere eines Märchenhelden.
Auflistung der Hermes-Eigenschaften: Vergleich mit Krull; Ausweitung auf die göttliche Familie: Analyse des Corrida-Kapitels; Deutung des Urkind-Mythologems UG: Warum konnte sich Hermes zur Lieblingsgottheit Thomas Manns entwickeln? Inwiefern spiegelt der Roman das Muster des Hermes-Mythos (Einbezug der HA)? Wenn Krull der Gottessohn ist, wer sind dann seine göttlichen Eltern? Untersuchen Sie die Beschreibungssprache in III, 11: Welche Textsignale überhöhen die realistische Ebene des Stierkampfes? Warum wird die Corrida mit solchen Qualifikationen überhöht? Welche Bedeutung hat die Analogie zum Mithraskult für den Vorgang (vgl. 394 f.)? Welche Stellung nimmt in diesem Ensemble Krull ein? Welche Bedeutung gewinnt er durch die Hermes-Rolle hinzu? Wie unterscheidet er sich vom Krull des ersten Buches?	HA zur Stunde: Lektüre einer Hermes-Darstellung (s. Mat. 5) und Vergleich mit Krull
Bestandsaufnahme der erotischen Erlebnisse; Analyse ausgewählter Szenen; Erörterung des Verhältnisses von gesellschaftlicher Moral und Rechtfertigungsstrategien Krulls; Wertung von Krulls Sexualverhalten UG: Welche erotischen Beziehungen Krulls zeigt der Roman? Welche erotischen Motive kennt Krull (Beispiel: Genovefa, 53 ff.)? Wie verhält sich seine Sexualpraxis zu der gesellschaftlich anerkannten? Wie rechtfertigt Krull seine ›Abweichungen‹? Warum lässt er sich auf Twentyman und Kilmarnock nicht ein (215 ff.)? Wie reagiert er auf die unglücklich Verliebten? Ist Krull Ihrer Meinung nach ein vollendeter Liebhaber? Lektüre des Narkissos-	Listen Sie die Themen (Wissensbereiche) des Kuckuck-Gesprächs auf und bezeichnen Sie die Zentralaussage, die zu jedem Thema formuliert wird.

Stunden	Thema	Didaktische Aspekte (Inhalte/Ziele)
Additum LK (1 Stunde)		
	Bürgerliche und artistische Erotik (329 ff., 369 ff.)	Zouzous dualistisch-leibfeindliches Naturverständnis, Krulls Ästhetizismus (Einheit von Erotik und Ästhetik), das tragikomische Paradox von Isolation der Liebenden und Aufhebung der Isolation im Kind, das formale Paradox von **Poesie der Liebe** und Krulls Paragraphen; Funktion: Selbstlegitimation des Ästhetizismus
13.	Die ›Philosophie‹ des Romans	Zentralaussagen Kuckucks: Einheit des Seins, Episodik, Zentralstellung des Menschen durch Sinnstiftung, Sein = Form, Allsympathie; Interpretation der Existenz Krulls durch Kuckuck (Abenteuer, Gratwanderung des Lebens, Maß, Form, Schönheit, verschwimmende Grenzen der Individuation, Vergänglichkeit als Appell zur Leistung und Sympathie, Begrenztheit des Lebensspiels, Konfrontation mit mythischen Mustern); der utopische Charakter des Gesprächs (Aufhebung der Gegensätze, Form des Postulats, ästhetische Rechtfertigung des Daseins); Funktion des Essayismus (Selbstinterpretation)

Methodische Realisierung/ Verlauf	Hausaufgabe
Mythos (s. Mat. 6) oder von Ausschnitten aus Freuds *Zur Einführung des Narzissmus:* Was unterscheidet Krull von diesen Modellen? Welche Konsequenzen ergeben sich aus Krulls Narzissmus für Krulls Lebensbewältigung und für seine Erzählung?	
Diskussion über die Ehedefinition Kants, Klärung der Position der Gesprächspartner, Erklärung von Zouzous bourgeoiser Position mittels der *Metaphysik der Geschlechtsliebe,* Integration des sozial- und geistesgeschichtlichen Zusammenhangs, Deutung von Krulls Standpunkt als eines immoralistischen Gegenentwurfs und Selbstinterpretation des Romans UG: Diskutieren Sie Kants Definition: Die Ehe **ist die Verbindung zweier Personen verschiedenen Geschlechts zum lebenswichtigen wechselseitigen Besitz ihrer Geschlechtseigenschaften!** Wie würde Krull gegen diese Definition argumentieren? Mit welchen Argumenten lehnt Zouzou Ehe und Liebe ab? Vergleichen Sie ihre Argumente mit Ihnen bekannten christlichen oder philosophischen Positionen (oder mit Schopenhauers Metaphysik). Warum treibt Krull diesen Aufwand, um Zouzou zu widerlegen? Warum gibt er seine Weisheit in Paragraphen kund? Würden Sie sich von Krull überzeugen lassen? Welche Bedeutung hat diese Erörterung für den Roman?	HA zur Stunde: Lektüre von Ausschnitten aus Schopenhauers *Metaphysik der Geschlechtsliebe*[130]
Katalogisierung der Themen, Wissensbereiche und Zentralaussagen mit Systematisierung; Diskussion der paradoxen Schlussfolgerungen aus der Bestandsaufnahme des Seins; Anwendung der Philosophie auf Krull und den Roman; Erarbeitung der Krull übergreifenden Funktionen des Gesprächs; Problematisierung des Verhältnisses von Roman (Handlung) und Essay Anknüpfung an die HA. UG: Welche leitenden Gesichtspunkte geben diesem Kompendium des Wissens Struktur und Einheit? Welche Rolle kommt dem Menschen in diesem System zu? Welche Bedeutung erhält dabei die Allsympathie? Wie ließe sich Kuckucks Kosmos in einer Skizze darstellen? Müsste Kuckuck nicht den entgegengesetzten Schluss ziehen, dass die Vergänglichkeit das Sein entwertet? Welche Lehren kann Krull für seine Person aus dem Gespräch entnehmen? Ist er diesen Lehren gewachsen, setzt er sie in Praxis um? Warum enthält der Roman ein so ausführliches Essay? Wird dadurch der Roman nicht gesprengt?	Vergleichen Sie Charakter und Weltanschauung Kuckucks und Schimmelpreesters.

Stunden	Thema	Didaktische Aspekte (Inhalte/Ziele)
	Additum LK (1 Stunde)	
	Die kopernikanische Wende und ihre Bedeutung für den Roman	Das ptolemäische und das kopernikanische Weltbild, Folgen für die Stellung des Menschen im Kosmos und die erkenntnistheoretische Situation der Moderne; die subjektiven Bedingungen des Erkennens, die Nichterkennbarkeit des Dings an sich; Konsequenzen für das moderne Erzählen
14./15.	Krulls Stil	Stilbrüche Manolescus, ambivalente Motivation seines Schreibens: Gesellschaftsverachtung und Popularität; Stilbrüche Krulls durch Veredelung des Alltäglichen und Imitation klassischer Muster; die travestierende Instanz des Autors
	Additum LK (1 Stunde)	
	Thomas Manns Montagetechnik	Aspekte der Genese des Romans; Verhältnis von figuralem Vorbild und Textgestaltung: Integration durch Selektion, Interpretation, Komposition; schöpferische Momente im Montieren

Methodische Realisierung/ Verlauf	Hausaufgabe
Veranschaulichung der beiden Weltbilder; Schlussfolgerungen für die Stellung des Menschen im Kosmos; Analyse des Textausschnitts: Konfrontation der vorkantischen Erkenntnissituation mit Kants kopernikanischer Wende; Schlussfolgerungen für die Möglichkeit metaphysischer Aussagen (Gott, Sinn des Seins, Unsterblichkeit etc.); Synthese der Romaninterpretation Skizze der beiden Weltbilder. UG: Welche Bedeutung hat die Änderung des Weltbildes für das Selbstverständnis des Menschen und seine Weltinterpretation? Worin bestand die Sicherheit des erkennenden Subjekts vor Kant? Weshalb lässt sich über das Ding an sich nach Kant nichts aussagen? Lassen sich nach Kant Aussagen über den Sinn des Seins machen? Wie löst Kuckuck dieses Problem des nachkantischen Subjekts? Warum muss demnach der Roman zum Essay werden? UG: Erläutern Sie, in welcher Situation sich der Erzähler befindet, welche Selbsteinschätzung als Erzähler er besitzt, inwieweit er den Leser in sein Erzählen mit einbezieht. Vergleichen Sie das Charakterbild des Erzählers mit dem geschilderten Krull. Was bedeutet es für das Bekenntnis, wenn Krull sich nicht geändert hat?	HA zur Sunde: Lektüre von Ausschnitten aus Thomas Manns Schopenhauer-Essay (IX, 528-580; s. Mat. 7) Analysieren Sie einen Ausschnitt aus Manolescus Memoiren unter stilistischem Aspekt (s. S. 75 dieser Arbeit und Mat. 8).
Benennung des rhetorischen *ornatus* Manolescus; Aufsuchen von Widersprüchen zwischen bildungsbürgerlichem und subkulturellem Sprachniveau; Vergleich mit Krulls Stil (177 f.); beliebige Ausweitung auf andere Stilbeispiele; Deutung der Absichten Thomas Manns LV zu Manolescu UG: Lässt sich erklären, warum dieser Stil beim bürgerlichen Leser Erfolg hatte? Was an diesem Stil konnte Thomas Mann zur Nachahmung/Parodie reizen? Gibt es eine vergleichbare Situation im Roman? Worin unterscheiden sich Krulls Wortschatz, Bilder, Satzstrukturen von denen Manolescus? Lässt sich am Stil ein unterschiedliches Welt- und Gesellschaftsverhältnis ablesen? Inwiefern zeigt der Stil, dass Krulls gesamtes Weltverhältnis ein erotisches ist? Was hat Thomas Mann damit gemeint, wenn er den Roman ein **heikelstes Balancekunststück** genannt hat?	**Ironie ist das Körnchen Salz, das das Aufgetischte überhaupt erst genießbar macht.** Veranschaulichen Sie dieses angebliche Goethe-Wort am *Krull*.
Bildbetrachtung (s. Mat. 9); Identifizierung der zugehörigen Textpassage (231); Vergleich von Bild und Text unter Berücksichtigung der Integration in das Ideengefüge; Umkehrung: Rekonstruktion einer montierten Vorlage; Beurteilung des Verfahrens	Welche Anhaltspunkte gibt der Roman für den Verlauf der Fortsetzung?

Stunden	Thema	Didaktische Aspekte (Inhalte/Ziele)

Additum LK (2 Stunden)

	Rekonstruktion einer Fortsetzung des Romans	Handlungsgerüst aufgrund der vorgegebenen Leitlinien, Fortsetzung des Charaktertypus, Beibehaltung des parodistischen Tons; unendliche Fortsetzbarkeit des Romans; Erklärung des Fragmentcharakters

4 Klausurvorschläge

1. GK/LK: Krulls Audienz bei Dom Carlos (348–353):
   - Welche Ziele verfolgt Krull bei diesem Gespräch?
   - Erläutern Sie das Gesellschaftsbild, das in diesem Gespräch vertreten wird, und ordnen Sie es dem Charaktertypus Krull zu.
   - Untersuchen Sie die Gesprächstaktik Krulls und weisen Sie dabei Krulls **parodistische Talente** (361) nach.
2. GK/LK: Vergleichen Sie den Auftritt Müller-Rosés mit dem Auftritt Andromaches (29 ff. und 198 ff.).
   - Beschreiben Sie das jeweilige Bild vom Künstler.
   - Überlegen Sie, welche Bedeutung beide Künstlertypen für Krull und seine Lebensbahn haben.
3. GK: **Die Welt will betrogen werden!**
   Belegen Sie durch eine Interpretation ausgewählter Episoden,
   - inwiefern sich Krull diese Devise zu Eigen gemacht hat,
   - welches Menschenbild dieser Devise zugrunde liegt.

Methodische Realisierung/ Verlauf	Hausaufgabe
LV über Thomas Manns Arbeitsmethode, Folie der Ansichtskarte UG: Beschreiben Sie, wie Thomas Mann das Bild in den Roman einbezogen hat. Was musste geschehen, damit aus dem Reklamebild ein Bestandteil des Romans wird? LV zum Begriff der Montage PRO/LK: Kehren Sie den Prozess um und malen Sie zum Flaschenetikett ›Lorley‹ eine Vorlage (10). Vergleichen Sie diese Bilder miteinander. Kann man Thomas Mann den Vorwurf des Plagiats machen?	
Erarbeitung der romanimmanenten Vorgaben; Information über Thomas Manns Notizen; Vereinbarung zur Ausführung einzelner Episoden; Besprechung unter dem Gesichtspunkt der Adäquatheit; Deutung des Fragmentcharakters UG: Welche Anhaltspunkte gibt es im Roman (7, 27, 64, 77, 85 ff., 251, 256, 263, 270, 326 ff., 331, 394) für eine Fortsetzung im Sinne Thomas Manns? LV über Informationen aus Briefen und Notizen PRO: Ausführung einzelner Episoden, etwa: Begegnung Krulls mit den Navarro-Zwillingen, Unterhaltung mit Ordensfrauen vom Heiligen Herzen Jesu, Krulls Verhaftung, Krull im Zuchthaus, Krulls Flucht, Krulls Ehe, Erlebnisse Krulls bei der Abfassung der Memoiren, Krull nach Abschluss der Bekenntnisse UG: Warum hat Thomas Mann den Roman abgebrochen?	HA zur Stunde: Welche Anhaltspunkte gibt der Roman für den Verlauf einer Fortsetzung?

4. GK: **Der Schelm heiratet nicht.**
   Warum ist Krulls Wesen mit einer Ehe unvereinbar?
5. LK: Definition ›Schelmenroman‹ aus einem Sachwörterbuch der Literatur: Wenden Sie diese Definition des Schelmenromans auf *Krull* an, indem Sie überprüfen, ob und inwiefern
   - Krull ein Schelm ist,
   - die Struktur des Romans der des Schelmenromans vergleichbar ist,
   - Thomas Mann den Gattungstypus überschreitet.
6. LK: Definition ›Bildungsroman‹ von Wilhelm Dilthey (s. S. 18 dieser Arbeit). Überprüfen Sie die einzelnen Elemente dieser Definition am Roman und charakterisieren Sie das Verhältnis, in dem *Krull* zum Bildungsroman steht.
7. LK: Vergleich zweier Künstlerfiguren Thomas Manns
   Da sein ganzes Wesen auf Ruhm gestellt war, zeigte er sich, wenn nicht eigentlich frühreif, so doch, dank der Entschiedenheit und persönlichen

Prägnanz seines Tonfalls, früh für die Öffentlichkeit reif und geschickt. Beinahe noch Gymnasiast, besaß er einen Namen. Zehn Jahre später hatte er gelernt, von seinem Schreibtische aus zu repräsentieren, seinen Ruhm zu verwalten, in einem Briefsatz, der kurz sein mußte (denn viele Ansprüche dringen auf den Erfolgreichen, den Vertrauenswürdigen ein), gütig und bedeutend zu sein. Der Vierziger hatte, ermattet von den Strapazen und Wechselfällen der eigentlichen Arbeit, alltäglich eine Post zu bewältigen, die Wertzeichen aus aller Herren Länder trug.
Ebenso weit entfernt vom Banalen wie vom Exzentrischen, war sein Talent geschaffen, den Glauben des breiten Publikums und die bewundernde, fordernde Teilnahme der Wählerischen zugleich zu gewinnen. So, schon als Jüngling von allen Seiten auf die Leistung – und zwar die außerordentliche – verpflichtet, hatte er niemals den Müßiggang, niemals die sorglose Fahrlässigkeit der Jugend gekannt. Als er um sein fünfunddreißigstes Jahr in Wien erkrankte, äußerte ein feiner Beobachter über ihn in Gesellschaft: ›Sehen Sie, Aschenbach hat von jeher nur *so* gelebt‹ – und der Sprecher schloß die Finger seiner Linken fest zur Faust –; ›niemals *so*‹ – und er ließ die geöffnete Hand bequem von der Lehne des Sessels hängen. Das traf zu; und das Tapfer-Sittliche daran war, daß seine Natur von nichts weniger als robuster Verfassung und zur ständigen Anspannung nur berufen, nicht eigentlich geboren war.
Ärztliche Fürsorge hatte den Knaben vom Schulbesuch ausgeschlossen und auf häuslichen Unterricht gedrungen. Einzeln, ohne Kameradschaft war er aufgewachsen und hatte doch zeitig erkennen müssen, daß er einem Geschlecht angehörte, in dem nicht das Talent, wohl aber die physische Basis eine Seltenheit war, deren das Talent zu seiner Erfüllung bedarf, – einem Geschlechte, das früh sein Bestes zu geben pflegte und in dem das Können es selten zu Jahren bringt. Aber sein Lieblingswort war ›Durchhalten‹, – er sah in seinem Friedrich-Roman nichts anderes als die Apotheose dieses Befehlswortes, das ihm als der Inbegriff leidend-tätiger Tugend erschien. Auch wünschte er sehnlichst, alt zu werden, denn er hatte von jeher dafür gehalten, daß wahrhaft groß, umfassend, ja wahrhaft ehrenwert nur das Künstlertum zu nennen sei, dem es beschieden war, auf allen Stufen des Menschlichen charakteristisch fruchtbar zu sein.

So beschreibt Thomas Mann im *Tod in Venedig* den Künstler Gustav von Aschenbach (VIII, 450 f.):

- Vergleichen Sie dieses Charakterbild mit dem Felix Krulls.
- Versuchen Sie zu erklären, wie diese beiden Künstlerfiguren nahezu gleichzeitig von demselben Autor entworfen wurden.

8. PRO: Für die Fortsetzung des Romans hatte Thomas Mann auch einen Empfang beim Papst eingeplant. Dabei hätte er sicherlich Erfahrungen verwertet, die er selbst in einer ›Spezialaudienz‹ bei Seiner Heiligkeit Pius XII. am 29. April 1953 gemacht hat. Über dieses Erlebnis schreibt er am 3. Mai 1953 an Ranuccio Bianchi Bandinelli: […] **wie im Traum nahm ich alles auf, und wie ein sehr starker, ins Gemüt dringender Traum wirkt und lebt**

es in mir fort. Der Ungläubige und Erbe protestantischer Kultur beugte ohne die leiseste innere Hemmung das Knie vor Pius XII. und küßte den Ring des Fischers, denn es war kein Mensch und Politiker, sondern ein weißes Idol, das, umgeben vom gemessensten geistlich-höfischen Ceremoniell, zwei Jahrtausende abendländischer Geschichte sanft und ein wenig leidend vergegenwärtigte.

- Entwerfen Sie die Skizze einer solchen Privataudienz.
- Begründen Sie die Gestaltung Ihrer Skizze, indem Sie sie aus dem Charakterbild Krulls ableiten und sich auf vergleichbare Situationen des Romans beziehen.

9. PRO: In der geplanten Fortsetzung des Romans soll Krull in England sich als Bürger und Arzt niederlassen. Beschreiben Sie, welche Probleme sich Thomas Mann bei der Verwirklichung dieser Absicht gestellt hätten. Entwerfen Sie einen Vorschlag, wie diese Probleme zu lösen gewesen wären.

5 Materialien

Autobiografie und Bekenntnis **Material 1**

[VORWORT ZU: CONFESSIONS, BUCH I]

Dies ist das einzige Bild eines Menschen, genau nach der Natur und in seiner ganzen Wahrheit gemalt, das es gibt und wahrscheinlich je geben wird. Wer Sie auch sind, den mein Schicksal oder mein Vertrauen zum Schiedsrichter über das Geschick dieses Heftes gemacht hat, ich beschwöre Sie bei meinem Unglück, bei Ihrem Innersten und im Namen der ganzen menschlichen Art; zerstören Sie nicht ein einzigartiges und nützliches Werk, das als erstes Vergleichsstück beim Studium der Menschen dienen kann, einem Studium, welches erst beginnen muß, und entziehen Sie nicht der Ehre meines Andenkens das einzige zuverlässige Denkmal meines Charakters, das von meinen Feinden nicht entstellt worden ist. Sollten Sie gar selbst einer jener unversöhnlichen Feinde sein, so hören Sie auf, auch noch ein Feind meiner Asche zu sein und tragen Sie Ihre grausame Ungerechtigkeit nicht bis in eine Zeit, da Sie und ich nicht mehr sein werden. So werden Sie sich wenigstens einmal das edle Zeugnis ausstellen können, großmütig und gut gewesen zu sein, als Sie boshaft und rachsüchtig sein konnten: Wenn denn überhaupt ein Unrecht, das an einem Menschen begangen wird, der nie welches beging oder begehen wollte, den Namen Rache tragen kann.

BUCH I

Intus, et in cute

Ich beginne ein Unternehmen, das ohne Beispiel ist und das niemand nachahmen wird. Ich will meinesgleichen einen Menschen in der ganzen Naturwahrheit zeigen, und dieser Mensch werde ich sein.

Ich allein. Ich lese in meinem Herzen und kenne die Menschen. Ich bin nicht wie einer von denen geschaffen, die ich gesehen habe; ich wage sogar zu glauben, daß ich nicht wie einer der Lebenden gebildet bin. Wenn ich nicht besser bin, so bin ich wenigstens anders. Ob die Natur wohl oder übel daran tat, die Form zu zerstören, in die sie mich gegossen hatte, kann man erst beurteilen, nachdem man mich gelesen hat.

Mag die Posaune des Jüngsten Gerichts wann immer erschallen, ich werde mit diesem Buch in der Hand mich vor den obersten Richter stellen. Ich werde laut sagen: »Sieh, so handelte ich, so dachte ich, so war ich! Ich habe das Gute und das Böse mit dem gleichen Freimut erzählt. Ich habe nichts Schlimmes verschwiegen, nichts Gutes hinzugefügt, und wenn es mir manchmal begegnete, daß ich einen bedeutungslosen Zierat verwandte, so geschah es nur, um eine Lücke zu füllen, die mir mangelnde Erinnerung verursachte. Ich habe als wahr das voraussetzen können, was, wie ich wußte, wahr sein konnte, nie das, was meines Wissens falsch war. Ich habe mich so gezeigt, wie ich war. Verächtlich und niedrig, wenn ich es war, gut, edelmütig, groß, wenn ich es war. Ich habe mein Inneres entblößt, so wie du selbst es gesehen hast. Ewiges Wesen, versammle um mich die unzählbare Schar meiner Mitmenschen; sie sollen meine Bekenntnisse hören, über meine Nichtswürdigkeit seufzen und über meine Nöte erröten. Jeder von ihnen enthülle seinerseits sein Herz mit der gleichen Aufrichtigkeit zu den Füßen deines Throns, und dann möge auch nur einer dir sagen, wenn er es wagt: Ich war besser als dieser Mensch da!«
Ich bin in Genf im Jahre 1712 als Sohn eines Bürgers Isaac Rousseau und der Bürgerin Suzanne Bernard geboren [...].

(aus: Jean-Jacques Rousseau, Die Bekenntnisse, übers. v. Alfred Semerau, München 1981, S. 7, 9)

Material 2 **Schlaf und Traum**

Daß täglich die Nacht sinkt, daß über Qual und Drangsal, Leiden und Bangen sich allabendlich stillend und löschend die Gnade des Schlafes breitet, daß stets aufs neue dieser Labe- und Lethetrank unseren verdorrten Lippen bereit ist, aufs neue stets, nach dem Kampf, dies milde Bad unseren zitternden Leib umfängt, damit er, gereinigt von Schweiß, Staub und Blut, gestärkt, erneuert, verjüngt, fast unwissend wieder, fast mit der ursprünglichen Tapferkeit und Lust daraus hervorgehe – Freund! ich habe das immer als die gütigste und rührendste der großen Tatsachen empfunden und anerkannt. Wir treten, Geschöpfe des blinden Dranges, aus leidloser Nacht in den Tag und wandern. [...] Aber die heimatliche Nacht ist eingeschaltet, vielmals, vielmals, in den Passionsweg des Lebens; jeder Tag hat ein Ziel: mit Quellgemurmel und grüner Dämmerung wartet unser ein Hain, wo weiches Moos unsere Füße tröstet, wonnige Kühle unsere Stirn mit Heimatsfrieden umwehen wird, und mit umfangenden Armen, rückwärts sinkenden Hauptes, mit offenen Lippen und selig brechenden Augen gehen wir in seinen köstlichen Schatten ein ...
Man sagt mir, daß ich ein ruhiges Kind war, kein Schreihals und Störenfried, sondern dem Schlummer und Halbschlummer in einem den Wärterinnen bequemen Grade zugetan. Ich glaube es, denn ich erinnere mich, den Schlaf und das Vergessen geliebt zu haben zu einer Zeit, da ich noch kaum etwas zu vergessen hatte, und ich weiß wohl zu sagen, durch welchen geistigen Eindruck die stille Neigung zuerst zur bewußten Zärtlichkeit angefacht wurde: Es war damals, als ich das Märchen vom Mann ohne Schlaf vernommen hatte, – die Geschichte jenes Mannes, welcher der Zeit und seiner Hantierung mit so törichtem Eifer anhing, daß er dem Schlafe fluchte. Da gewährte ihm ein Engel die schreckliche Vergünstigung: Er nahm das physische Bedürfnis des Schlafes von ihm, er hauchte auf seine Augen, daß sie wie graue Steine in ihren Höhlen wurden und sich niemals mehr schlossen. Wie dieser Mann sein Verlangen bereut, was er ausgestanden als einzig Schlafloser unter den Menschen, wie er, ein trauriger Verdammter, sein Leben hingeschleppt, bis endlich der Tod ihn erlöste, end-

lich die Nacht, die unzugänglich vor seinen steinernen Augen gestanden, ihn zu sich und in sich genommen, – ich wüßte es im einzelnen nicht mehr zu erzählen, aber ich weiß, daß ich am Abend jenes Tages kaum erwarten konnte, in meinem Bette allein gelassen zu werden, um mich an die Brust des Schlafes zu werfen, daß ich nie inniger geschlafen habe als in der Nacht, nachdem ich jener Geschichte gelauscht.
Seitdem habe ich stets in den Büchern mit Genugtuung angemerkt, was sie zum Lobe des Schlafes zu sagen wußten, und so recht nach meinem Herzen war es zum Beispiel, wenn Mesmer die Möglichkeit betonte, daß der Schlaf, in dem das Leben der Pflanzen besteht und aus dem das Kind in den ersten Lebenswochen nur erwacht, um Nahrung zu sich zu nehmen, vielleicht der dem Menschen natürliche, ursprüngliche Zustand sei, dem Zweck des Vegetierens am unmittelbarsten entsprechend. »Könnte man«, meint der geniale Scharlatan, »nicht sagen, daß wir nur wachen, um zu schlafen?« Das ist vorzüglich gedacht, und die Wachheit ist sicherlich nur ein Kampfzustand zum Schutze des Schlafes. Hält nicht auch Darwin dafür, daß sich der Geist nur als Waffe im Daseinskampf entwickelt habe? Eine gefährliche Waffe! Die sich, wenn keine äußere Not unsere Sicherheit bedroht, nur allzuoft gegen uns selbst wendet. Wohl uns, wenn sie ruht, wenn die grelle und zehrende Flamme des Bewußtseins die Welt um uns und in uns hinlänglich abgeleuchtet und wir unserm eigentlichen und glücklichen Zustand uns wieder überlassen dürfen!
Allein wenn es die Not ist, die uns weckt, so ist es doch sie nicht, die uns eigentlich dem Schlaf entfremdet. Willst du mir glauben, daß ich die Schlaflosigkeit aus Gram und Sorge nicht kenne? Die rechte Inbrunst ist in meinen Schlaf wohl erst gekommen, als das erste Lebensalter der Freiheit und Unantastbarkeit vorüber war und die Widrigkeit des Lebens in Gestalt der Schule meinen Tag zu entstellen begann. Ich habe nie köstlicher geschlafen als in gewissen Nächten zwischen Sonntag und Montag, wenn nach einem geschützten Tage, an welchem ich mir und den Meinen hatte gehören dürfen, der nächste wieder mit fremdem und hartem Ungemach drohte. So ist es geblieben: Nie schlafe ich tiefer, nie halte ich süßere Heimkehr in den Schoß der Nacht, als wenn ich unglücklich bin, wenn meine Arbeit mißlingt, Verzweiflung mich niederdrückt, Menschenekel mich ins Dunkel scheucht ... und wie, frage ich, kann es anders sein, da doch Kummer und Pein unmöglich unsere Anhänglichkeit an den Tag und die Zeit zu verstärken imstande sind? [...]
Die Moral des Künstlers ist Sammlung, sie ist die Kraft zur egoistischen Konzentration, der Entschluß zur Form, Gestalt, Begrenzung, Körperlichkeit, zur Absage an die Freiheit, die Unendlichkeit, an das Schlummern und Weben im unbegrenzten Reich der Empfindung, – sie ist mit einem Wort der Wille zum Werk. Aber unedel und unsittlich, blutlos und widrig das Werk, das aus der kalten, klugen und tugendhaften Geschlossenheit eines Künstlertums geboren ward! Die Moral des Künstlers ist Hingebung, Irrtum und Selbstverlust, sie ist Kampf und Not, Erlebnis, Erkenntnis und Leidenschaft. [...]

(aus: Thomas Mann, Süßer Schlaf. In: Gesammelte Werke in dreizehn Bänden, Frankfurt 1974, Bd. XI, 333–338, gek.)

Material 3

Die Schule

Die Schule eine »Erziehungs-«-anstalt! Und das »Hand in Hand gehen von Schule und Haus«! Meiner Ansicht nach ist die Schule im Stande, Alles das wieder zu zerstören, was zu Hause an Gutem und Zartem in die Seele des Knaben gep<f>lanzt wurde. Alles, was ein junger Mensch an Geschmack, [Sitte], Sittlichkeit, guter Sitte, Gemüt, Liebenswürdigkeit, Alles, was er an Bildung besitzt, verdankt er dem Hause. Aber Alles was die Schule ihn lehrt, die ja wohl als Vorbereitung auf das »Leben« verstanden werden möchte: Streberei, Kriecherei, Betrügerei … Alles, was sie ihm abgewöhnt, wie zum Beispiel den Sinn für Gerechtigkeit, wird leider in den meisten Fällen stärker sein, entscheidender sein … Die Schule ist in solchem Grade zu einer flachen, nivellierenden, abstumpfenden, poesielosen Drillanstalt geworden, in der alles [Sittliche] Moralische und Erzieherische gleich Null ist, daß die Familie eines »sitzengebliebenen« Schülers genau die selben Empfindungen hegt, wie die Familie eines beim Avancement übergangenen Beamten! – Hand in Hand die Familie mit der Schule! Ach mein Gott, die Familie steht der Schule genau so demütig und klein, mit der nämlich<en> gezwungenen Ehrfurcht, demselben ohnmächtigen Fatalismus gegenüber, wie der Schüler selbst. [Die Familie] Das Haus steht der Schule ganz und gar fremd gegenüber. [<?>] Hier ist persönliche Liebe, erzieherisches und bildendes Interesse, – dort ist nichts als Staat, Drill, Carrière, Macht, Dienst … Von Erziehung, das was die Familie sehr wohl <…>, ist nicht die Rede, sondern von [Laufbahn und Vorwärtskommen] einer glatten Laufbahn durch die Klassen. Was für eine Anschauung dieser Klasseneinteilung hat sich eigentlich entwickelt?! Die Klasseneinteilung, die, abgesehen von de[m]r Verteilung des Unterrichts an die verschiedenen Altersgrade, höchstens vielleicht ein kleiner Ansporn mehr für den [Sch] Lernenden sein sollte, ist zu einem Selbstzweck, zu einer lächerlich ernstgenommenen, staatlichen Carrière geworden, und bei einer »Conferenz« streiten sich zehn bis zwölf erwachsene Männer eine halbe Stunde darüber, ob der Schüler so und so eine 2 oder 2–3 im Zeugnis erhalten soll! – ·Beamtenschule, Wissenschaft und Idealismus·

(Thomas Manns Notiz über die preußische Schule. Aus: Thomas Mann, Notizbücher 1–6, hrsg. v. Hans Wysling u. Yvonne Schmidlin, Frankfurt 1991, S. 79 f. Die Zeichen im Text sind Hinzufügungen des Herausgebers, um Thomas Manns Korrekturen und Streichungen zu verdeutlichen.)

Material 4 Der Künstler

Im Sturm und Drang und in der Romantik ist der Dichter das Sprachrohr Gottes. Er offenbart göttliche Weisheit (Herder), er stiftet eine Welt, an der sich der Mensch soll orientieren können (Hölderlin). In der Klassik ist er der Vermittler von Ideen. Er läßt in seinen Werken das Urbildliche und Typische aufscheinen.
Thomas Mann hat dem Künstler ein solches Vermögen nicht mehr zugetraut. Er stand, wie so viele Schriftsteller seiner Generation, im Banne des mittleren Nietzsche und Lombrosos. 1887 war die deutsche Übersetzung von Cesare Lombrosos Hauptwerk, *Genie und Irrsinn,* erschienen. Der Turiner Gerichtsmediziner und Psychiater ging darin den Zusammenhängen zwischen Genialität und Krankheit nach und stellte in seinen folgenden Werken die These auf, daß Künstler und Verbrecher ähnliche pathologische Züge aufwiesen. Schon Schopenhauer hatte angedeutet, daß es einen Bereich gebe, in dem »Genie und Wahnsinn eine Seite haben, wo sie an einander gränzen, ja ineinander übergehen«. Nietzsche stellte in *Menschliches, Allzumenschliches* den gleichen Zusammenhang grell heraus, und im *Willen zur Macht* kam er zur lapidaren Gleichung »Genie = Neurose«. In der 389. Notiz zum *Willen zur Macht* wird der Künstler als eine degenerierte »Zwischen-Species« beschrieben, die nur aus Willensschwäche vor kriminellen Akten zurückschrecke. […]
Der Künstler der *décadence* war gekennzeichnet durch seine Labilität und Mobilität, eine Charakterschwäche, die aus dem Verlust der primären Orientierung und der

physiologischen Kräfte abgeleitet werden konnte. In seinen Anti-Wagner-Schriften von 1888 hatte Nietzsche vom »Charakter-Verfall« im dekadenten Künstler gesprochen. Wagner erschien ihm als Schauspieler, als *histrio*, als »Proteus-Charakter der Degenerescenz«. Nietzsches Wagner-Kritik war im Grunde eine Selbstkritik. Thomas Mann richtete das Kalklicht von Nietzsches Entlarvungspsychologie auf sich selbst und seine Generation. Der Künstler der *décadence* erschien auch ihm als eine wesentlich parodistische Begabung, als imitatorisches Talent – als Bajazzo (VIII, 106). Er vermochte nicht, aus schöpferischem Überfluß Neues zu schaffen. Seine Aufgabe bestand darin, seine Situation zu erkennen und auszusprechen.

Gerade das war das Entscheidende: Der »Künstler der Erkenntnis« (X, 63) sucht seine Empfindsamkeit und Reizbarkeit analytisch zu durchdringen und sie dadurch zu überwinden. Die Radikalität, mit der er dabei vorgeht, führt oft ins Konfiterisch-Selbstentblößerische hinein. Sein Wahrheitsfanatismus trägt heroische Züge – Thomas Mann hat von einem Heroismus der Schwäche gesprochen und den erkennenden Literaten mit Schopenhauers Heiligem verglichen. Er war Moralist in einem doppelten Sinne: als Psychologe und Sittenrichter. »Der Literat«, schreibt er in einem Aufsatz von 1913 (X, 69), »ist anständig bis zur Absurdität, er ist ernsthaft bis zur Heiligkeit [...].«

Künstlerverdächtigung geht also mit Literatenheiligung Hand in Hand. Psychologie zersetzt in den Werken des frühen Thomas Mann die Ansprüche auf ein stiftendes, visionäres Künstlertum. Sie überbindet dem erkennenden Künstler aber gleichzeitig das Amt des Selbst- und Sittenrichters. Er ist Kritiker seiner selbst und seiner Zeit. Dem labilen und mobilen Künstler in seiner Halt- und Ratlosigkeit wird mit der Aufgabe der Selbsterkenntnis auch die der Zeitkritik übertragen. Er kann diese Aufgabe übernehmen, weil das »problematische Ich« (XII, 20), mit dem er fertig zu werden hat, in seiner ganzen Reizbarkeit und Dünnhäutigkeit Genaueres über sich selbst aussagen kann als der Stumpf-Gewöhnliche, der Bürger.

(aus: Hans Wysling, Schwierigkeiten mit Thomas Mann. In: Hans Wysling, Thomas Mann heute. Sieben Vorträge, Bern/München, 1976, S. 99 f. Die Anmerkungen wurden nicht mit abgedruckt.)

Hermes

Material 5

Die Wesenszüge und Funktionen des H. sind so zahlreich, daß es schwierig ist, seinen Wesenskern zu erfassen. Als einer der populärsten griech. Götter hat er im Laufe von Jahrhunderten manche ihm ursprünglich fremden Züge angenommen; manche wieder sind in Literatur und Kunst zeitweilig einseitig herausgehoben worden und andere dagegen zurückgetreten. 1. Wahrscheinlich hängt der Name H. etymologisch mit den »Steinhaufen« [...] zusammen, die nach einer alten, nicht nur griech. Sitte dadurch entstehen, daß jeder Vorübergehende einen Stein darauf wirft: Wegzeichen, Grenzmarken (manchmal auch über Gräbern). Auf ihre Spitze setzte man gern einen aufgerichteten Stein oder eine »Herme«, einen vierkantigen, sich nach unten verjüngenden Pfeiler mit Menschenkopf und Phallos. Der Gott H. ist vermutlich aus dem Dämon entstanden, der solchen Steinhaufen innewohnt, ursprünglich nicht unbedingt anthropomorph. Hier liegt offenbar auch der Ursprung für die sog. *Hermen,* die in geschichtlicher Zeit bei den Griechen in großer Zahl an Straßen und vor Häusern *(H. Propylaios)* standen [...]. – 2. H. ist daher der Gott, der die Wanderer und Hirten auf ihren Wegen durch das »friedlose Draußen« schützt und geleitet [...]. – In der Dichtung ist er durch Homer zum Götterboten und Wegführer in höherem Auftrag geworden, hier nimmt er also eine dienende Stellung ein und handelt nicht aus eigenem Antrieb. Er wirkt nicht mit Gewalt, sondern durch freundlichen Zuspruch, oft auch durch List oder Zauber; er kann plötzlich erscheinen und verschwinden. Sein Stab ist ursprünglich ein Zauberstab, ehe er als »Heroldsstab« *(Kerykeion)* aufgefaßt wird und neben Hut und Flügelschuhen zu den Attributen des Götterboten gehört. – Bei Homer geleitet H. auch die Seelen Verstorbener in die Unterwelt (Beiname *Psychopompos*, »Seelengeleiter«). Im Kult ist H. in dieser Funktion mit dem Totenfest bei den Anthesterien verbunden; vgl. auch seinen Beinamen *Chthonios*. – 3. Zu den ältesten und sicher ursprünglichsten Wesenszügen des H. gehört seine Verbundenheit mit dem Gedeihen der Viehherden [...] und deren Vermehrung und Fruchtbarkeit [...]. – 4. Auch wer in unredlicher Weise seine Herde zu vermehren suchte, sah in H. seinen Schutzherrn, und so sind selbst List und Betrug dem Gotte nicht fremd [...]. Die Kaufleute dankten ihm glückliche Fahrt und Gewinn, ganz gleich, wie er erworben war [...]. – 5. Seit der klass. Zeit stellte man sich den flinken Götterboten jugendlich, oft geradezu sportlich gewandt und elegant vor und betrachtete ihn als besonderen Schutzgott der Jugend, der Gymnasien und Palästren. Außerdem konnte er im Sinne der von Homer geprägten Gestalt in der Spätzeit als Beschützer der Beredsamkeit angesehen werden. – 6. *H. Trismegistos* (der »dreimalgrößte«) ist die spätantike griech. Benennung des ägypt. Gottes Thoth, der bei den Griechen schon früh bekannt gewesen sein muß. In der griech. Überlieferung trägt dieser die Züge eines Künders geheimer Weisheiten (auch des Zaubers) und Stifters der Wissenschaften, des göttlichen Schreibers und klugen Erfinders, so daß eine Gleichsetzung mit H. nahelag. Die Einwirkung ägypt. Vorstellungen im Synkretismus der hellenist. Zeit bewirkte eine Erhöhung des H., so daß er in der spätantiken Gnosis als Trismegistos zum mystischen Allgott werden konnte. [...]

Im *Mythos* ist H. der Sohn des Zeus und der Maia, der Tochter des Atlas. Nach dem volkstümlich-humorvollen homerischen Hymnos ist er schon von Geburt an ein geschickter Schelm. Verläßt, kaum geboren, die Höhle der Maia, tötet eine Schildkröte und macht die erste Leier aus ihr, auf der er mittags schon spielt. Stiehlt dann Apollon 50 Kühe und treibt sie, um die Spur zu verwischen, scheinbar rückwärts. Morgens liegt er wieder in seiner Wiege, als der zürnende Apollon kommt. Vor Zeus geschleppt, hält er eine freche Rede, stiehlt während der Verhandlung Bogen und Köcher Apollons, besänftigt ihn aber mit der Leier. Dafür erhält er das Kerykeion (d. i. den Heroldsstab). Während über sterbliche Geliebte wenig verlautet, ist H. (wie im Kult zuweilen auch) mit Aphrodite verbunden, woraus Hermaphroditos, der durch seine Vereinigung mit der Quellnymphe Salmakis zu dem nach ihm benannten zweigeschlechtlichen Lebewesen wird, und nach manchen auch Priapos hervorgehen. Ferner ist er Vater des Meisterdiebes Autolykos, des Eurytos, Abderos, Kephalos u. a. Durch seine Funktion als Götterbote und Überbringer göttlicher Waffen oder Geräte ist H. in viele Sagen verwickelt, vgl. besonders Phrixos, Perseus, Odysseus, Herakles, Ino (H. tötet ihren Bewacher Argos Panoptes); H. bringt auch den Dionysosknaben vor Hera in Sicherheit.

(aus: dtv-Lexikon der Antike. Religion, Mythologie, München 1970, Bd. I, S. 304–306, gek.)

a. Der Thesper Narkissos war der Sohn der blauen Nymphe Leiriope, die der Flußgott Kephissos einst mit seinen gewundenen Flüssen umschlungen und hernach vergewaltigt hatte. Der Seher Teiresias sagte Leiriope, die ihn als erste um Rat fragte: »Narkissos wird sehr alt werden – aber nur, wenn er sich niemals selber kennt.« Es war verständlich, daß sich jeder in Narkissos verliebte, selbst als er noch ein Kind war. Mit sechzehn Jahren bereits wies er herzlos die Liebe von Männern und Frauen zurück; er war von trotzigem Stolz auf seine eigene Schönheit erfüllt.
b. Auch die Nymphe Echo verliebte sich in ihn. Echo war mit dem Verlust ihrer Sprache bestraft worden – sie konnte nur die Rufe anderer nachschwätzen –, weil sie Hera einst mit langen Geschichten unterhielt, so daß die Konkubinen des Zeus, die Bergnymphen, ihrem eifersüchtigen Auge entwischen konnten. Eines Tages ging Narkissos zur Hirschjagd.
Echo folgte ihm leise durch den weglosen Forst und wollte mit ihm sprechen. Sie konnte aber das Gespräch nicht selbst beginnen. Endlich rief Narkissos, als er sich verirrt hatte: »Ist jemand hier?«
»Hier!« antwortete Echo zur Verwunderung des Narkissos, da er niemanden sehen konnte.
»Komm!«
»Komm!«
»Warum meidest du mich?«
»Warum meidest du mich?«
»Laß uns hier zusammenkommen!«
»Laß uns hier zusammenkommen!« wiederholte Echo und rannte voller Freude aus ihrem Versteck, um Narkissos zu umarmen. Roh schüttelte er sie von sich und lief davon. »Ich würde eher sterben, als mit dir liegen!« rief er.
»Mit mir liegen!« flehte Echo.
Doch Narkissos war bereits fortgegangen, und sie verbrachte den Rest ihres Lebens in einsamen Schluchten. Dort siechte sie vor Liebeskummer dahin, bis nur ihre Stimme zurückblieb.
c. Eines Tages sandte Narkissos ein Schwert zu Ameinios, seinem aufdringlichen Bewerber. Nach diesem ist der Fluß Ameinios, ein Nebenfluß des Helisson, der in den Alpheios mündet, benannt. Ameinios tötete sich auf der Türschwelle des Narkissos und rief die Götter an, seinen Tod zu rächen.
d. Artemis hörte die Bitte und strafte Narkissos mit unerfüllbarer Selbstliebe. Zu Donakon in Thespien fand er eine Quelle, klar wie Silber. Noch nie war sie von Vieh, Vögeln, wilden Tieren oder selbst von den fallenden Zweigen der Bäume, die sie beschatteten, gestört worden. Er warf sich erschöpft nieder. Da verliebte er sich in sein eigenes Spiegelbild. Zuerst versuchte er den schönen Knaben, den er im Wasser vor sich sah, zu umarmen und zu küssen. Aber bald erkannte er sich selbst, lag da und schaute Stunde um Stunde verzückt auf das Wasser. Wie konnte er es ertragen, seine Liebe zu besitzen und doch nicht zu besitzen? Kummer quälte ihn endlos, doch er erfreute sich an der Qual. Wenigstens wußte er, daß sein Bildnis ihm treu bliebe, was immer auch geschehe.
e. Echo hatte Narkissos nicht vergeben, doch sein Leid erfüllte sie mit Schmerz. Als er sich einen Dolch in die Brust stieß, echote sie: »Weh! Weh!«; und als er dann starb: »O Jüngling, Geliebter, lebe wohl!« Sein Blut tränkte die Erde. Ihr entsprang die weiße Narzisse mit ihren rotgelben Herzblättern, aus der noch heute zu Chaironea ein Balsam destilliert wird. Er wird gegen Ohrenkrankheiten (obwohl er Kopf-

schmerzen verursachen kann), als Wundheilmittel und gegen Frostbeulen empfohlen.

(aus: Robert von Ranke-Graves, Griechische Mythologie. Quellen und Deutung, Reinbek 1984, S. 259–261, gek. Die Anmerkungen wurden nicht mit abgedruckt.)

Material 7 **Schopenhauer**

Immanuel Kant, der Erkenntniskritiker [...], lehrte in der zweiten Hälfte des achtzehnten Jahrhunderts zu Königsberg in Preußen etwas den Stipulationen sehr Ähnliches, die zweitausend Jahre früher der athenische Denker [Platon] aufgestellt hatte. Unsere gesamte Welt-Erfahrung, erklärte er, unterliegt drei Gesetzen und Bedingungen, welche die undurchbrechbaren Formen sind, in welchen all unsere Erkenntnis sich vollzieht. Sie heißen Zeit, Raum und Kausalität. Diese sind aber nicht Bestimmungen der Welt, wie sie an und für sich, unabhängig von unserer Apperzeption, sein mag, des »Dinges an sich«, sondern gehören nur seiner Erscheinung, indem sie eben nichts als Formen unserer Erkenntnis sind. Alle Vielheit, Entstehen und Vergehen, ist allein durch jene drei möglich; sie hängen darum allein der Erscheinung an, und von dem »Ding an sich«, auf das sie keineswegs anwendbar sind, können wir gar nichts wissen. Sogar erstreckt sich dieses auf unser eigenes Ich: wir erkennen es nur als Erscheinung, nicht nach dem, was es an sich sein mag. Mit anderen Worten: Raum, Zeit und Kausalität sind Einrichtungen unseres Intellekts, und die Auffassung der Dinge, die uns in ihrem Bilde, bedingt durch sie, zuteil wird, heißt darum die *immanente;* die *transzendente* aber wäre diejenige, die wir durch die Wendung der Vernunft gegen sich selbst, durch Vernunftkritik, kraft der Durchschauung jener drei Einschaltungen als bloßer Erkenntnisformen gewönnen.
Dies ist Kants Grundkonzeption, und man sieht, sie ist derjenigen Platons sehr nahe verwandt. Beide erklären die sichtbare Welt für eine Erscheinung, will sagen: für nichtigen Schein, der Bedeutung und einige Wirklichkeit nur durch das gewinnt, was hindurchscheinend sich darin ausdrückt. Für beide liegt die wahre Wirklichkeit über, hinter, kurz »jenseits« der Erscheinung, und ob sie nun »Idee« oder »Ding an sich« genannt wird, gilt ungefähr gleichviel. Schopenhauers Denken nahm beide Begriffe tief in sich auf. Er hatte Platon und Kant früh und mit persönlichster Vorliebe studiert (in Göttingen, 1809–1811) und zog diese durch Raum und Zeit so weit getrennten Denker allen übrigen vor. Die fast identischen Ergebnisse, zu denen sie gelangt waren, schienen aufs beste geeignet, das Weltbild zu stützen, zu rechtfertigen und ausbilden zu helfen, das er selber in sich trug [...].
Was er nahm, waren die »Ideen« und das »Ding an sich«. Mit dem letzteren aber stellte er etwas sehr Kühnes, fast Unerlaubtes, wenn auch tief und bis zur zwingenden Überzeugungsgewalt Empfundenes an: Er definierte es, er nannte es bei Namen, er behauptete – obgleich man doch nach Kant gar nichts davon wissen konnte – zu wissen, was es sei. Es war der *Wille.* Der Wille war der letzte und nicht weiter reduzierbare Urgrund des Seins, die Quelle aller Erscheinungen, der in jeder einzelnen von ihnen vorhandene und wirksame Hervorbringer, Hervortreiber der ganzen sichtbaren Welt und allen Lebens, – denn er war der Wille zum Leben. Er war durch und durch dies, so daß, wer »Wille« sagte, eben vom Willen zum Leben sprach, und wer sich der ausführlicheren Formel bediente, eigentlich einen Pleonasmus beging. Der Wille wollte immer nur eines: das Leben. Und warum wollte er es? Weil er es köstlich fand? Weil er das Ergebnis irgendeiner objektiven Erkenntnis

vom Werte des Lebens darstellte? O nein, dem Willen war alle Erkenntnis vollkommen fremd; er war etwas von dieser durchaus Unabhängiges, ganz Ursprüngliches und Unbedingtes, ein blinder Drang, ein gründlich-grundloser, absolut unmotivierter *Trieb,* der so weit entfernt war, von irgendwelchen Urteilen über den *Wert* des Lebens abzuhängen, daß vielmehr umgekehrt alle solchen Urteile ganz und gar von dem Stärkegrad des Lebenswillen abhingen.
Der Wille also, dieses außerhalb von Raum, Zeit und Kausalität stehende An-Sich der Dinge, verlangte blind und grundlos, aber mit wilder und unwiderstehlicher Gier und Lust nach Sein, nach Leben, nach *Objektivierung,* und diese Objektivation vollzog sich auf die Weise, daß aus seiner ursprünglichen Einheit eine Vielheit wurde, was treffend als das principium individuationis zu bezeichnen war. [...] Die Welt war also ganz und gar Willensprodukt und -ausdruck, die Objektität des Willens im Raume und in der Zeit. Sie war aber außerdem und in einem damit noch etwas anderes: nämlich *Vorstellung,* meine und deine Vorstellung, die Vorstellung eines jeden und ihre Vorstellung von sich selbst – nämlich vermöge des erkennenden Intellekts, den der Wille auf den höheren Stufen seiner Objektivation sich zur Leuchte schuf. Das Wort von den »höheren Stufen« will recht verstanden sein. Schopenhauer nämlich, ein sowohl mystischer wie auch äußerst moderner und mit Naturwissenschaft genährter Geist, schaltete in seine Willens-Kosmogonie, in die unendliche Vielfalt der Willensemanationen den Begriff der *Entwicklung* ein. Er tat es aus Liebe zu jenem philosophischen Element, das er von Platon übernommen hatte, den »Ideen«. Indem er in der Vielheit der Objektivationen des Willens eine Rangfolge und Stufenleiter annahm oder feststellte, gewann oder rettete er die »Ideen«, – denn sie eben waren diese rein angeschaute Stufenfolge der Willensobjektivationen. [...]
Auf den höheren Stufen seiner Individuation also, in den Tieren bereits und ganz besonders im Menschen, der höchsten und kompliziertesten von allen, zündete sich der Wille zu seiner Hilfe, Sicherung, Erleuchtung das die Welt zur Vorstellung machende Licht des Intellektes an. Wohlgemerkt: Es war nicht etwa der Intellekt, welcher den Willen hervorbrachte, – umgekehrt: dieser erzeugte sich jenen. Nicht der Intellekt, der Geist, das Erkennen war das Primäre und Herrschende, sondern der Wille war es, und ihm diente der Intellekt. [...]

(aus: Thomas Mann, Schopenhauer. In: Gesammelte Werke in dreizehn Bänden, Frankfurt 1974, Bd. IX, 536–539, gek.)

Georges Manolescus Hochstaplermemoiren **Material 8**

Ich verlor von Anfang bis Ende [...]. Welch eisige Dusche auf meine glühenden Hoffnungen! [...] Ich sah mich zugleich nach irgend einer Magdalena um, die mich in meinem Pech ein wenig trösten sollte. [...]
Ich hätte dem Fossil [der voluminösen, älteren Dame im Atrium] gern erwidert, daß sie wohl nicht aus Wiesbaden, sondern aus den römischen Katakomben oder ägyptischen Pyramiden käme, denn noch niemals in meinem Leben war ich bisher dieser wandelnden Wurst begegnet. Ich hielt jedoch an mich und erwiderte nur ein wenig sarkastisch, daß ich zu meinem lebhaften Bedauern weder in Wiesbaden noch am Nordpol die hohe Ehre gehabt hätte, ihrer Schönheit zu huldigen.
»Aber mein lieber kleiner Freund« – ich war etwa zwei Köpfe größer als sie –, erwiderte sie, »ich kann mich unmöglich so kolossal irren! Sie sind doch zweifellos Herr Moritz Cohn aus Frankfurt am Main?«

»Durchaus nicht, verehrte Frau, – ich bin leider nur Georges Manolescu aus Bukarest.«
»Nun, das schadet ja nichts, gefallen tun Sie mir darum nicht weniger! Denn Ihre schönen Augen erinnern mich so unbeschreiblich an meinen seligen Isidor …«
Um dieses alberne Gegackere nicht weiter anhören zu müssen, lud ich die wackliche Baracke ein, mit mir am Büffett eine Erfrischung zu nehmen. Sie raffte wie ein Tapir auf dem Drahtseil ihr Kleid zusammen, hängte sich ohne Umstände in meinen Arm und schleppte mich Opferlamm zum Büffett. Dort sank dieses menschliche Riesengebirge krachend auf einen Stuhl, der wimmernd und in allen seinen Fugen knackend protestierte. Sofort begann sich das Publikum in diskreter Entfernung um uns zu scharen, um dieses eigenartige Liebespaar mit Andacht zu betrachten. […]

(aus: Georges Manolescu [Fürst Lahovary], Gescheitert.
Aus dem Seelenleben eines Verbrechers, Berlin 1905, S. 176–178)

(aus: Hans Wysling [Hrsg.], Bild und Text bei Thomas Mann.
Eine Dokumentation, Bern/München 1975, S. 100.
Aussichtskarte stammt aus dem Thomas-Mann-Archiv Zürich)

Anhang

Anmerkungen

Die kursiven Zahlen beziehen sich auf das Literaturverzeichnis.

1 Die Anregung dazu ging von Nietzsche aus: **Eine *Zwischen-Species* entsteht, der Artist, von der Criminalität der That durch Willensschwäche und sociale Furchtsamkeit abgetrennt, insgleichen noch nicht reif für das Irrenhaus** [...], *12,* Bd. XVI, 416

2 *6,* 317

3 *10,* 5 A. 2

4 Vgl. *65,* 167

5 *6,* 299

6 *4,* 68

7 *4,* 50

8 *4,* 50, 53

9 *3,* Bd. I, 40

10 *5,* 6

11 *4,* 70

12 *4,* 71

13 Vgl. *59,* 26, 59

14 *4,* 106

15 Vgl. *53,* 206

16 An Ernst Bertram, 11. 8. 1911, vgl. *59,* 59

17 Nietzsche hat diesen Wagner mit einem Helden des Schelmenromans, Gil Blas, verglichen: *12,* Bd. V, 311; Bd. XV, 376

18 Vgl. *25*

19 Eine Alternative, der sich zahlreiche andere, die Thomas Manns antagonistisches Denken bewegten, unterordneten, wie die von Dichter und Schriftsteller, Natur und Kunst, sentimentalisch und naiv, apollinisch und dionysisch, Modernität und Klassizismus

20 *4,* 95

21 Vgl. *65,* 58 f.

22 Aus dem 12. Notizbuch

23 *6,* 317

24 *6,* 303

25 *6,* 321

26 Nicht zu unterschätzen ist auch die Konkurrenz zum Bruder. Heinrich hatte längst die Grenzüberschreitung vom Ästhetizismus zum Demokratismus gewagt, was Thomas verunsichert registrierte (vgl. *4,* 128). Anregung und Kritik, Imitation und Überbietungswille laufen zwischen den Werken der Brüder hin und wieder.

27 *6,* 315

28 Vgl. *6,* 326

29 *6,* 325

30 *6,* 342

31 So *72,* 72

32 Auf eine Erörterung der heftig umstrittenen Begriffe der Bildung und des Bildungsromans kann ich hier verzichten, weil es mir um den historischen Begriff zu tun ist, der zu Thomas Manns Zeiten im Schwange war.

33 Dilthey, Wilhelm: Das Erlebnis und die Dichtung. Göttingen [15]1970, 272

34 Vgl. *27,* 61

35 Vgl. zum Problem: *28; 29; 47; 53; 72*

36 Vgl. *65,* 56 ff.; *23*

37 Vgl. *23*

38 So ist in Stifters *Nachsommer* das erste Kapitel überschrieben.

39 Vgl. Bachtin, Michail: Probleme der Poetik Dostoevkijs. München 1971, 315

40 Vgl. *71, 363*

41 Vgl. Skizze auf S. 25

42 Vgl. *65,* 170

43 *6,* 354

44 Vgl. *53,* 13

45 Vgl. *65,* 193, 314

46 Proust, Marcel: Le Carnet de 1908. In: Cahiers M. Proust 8. Paris 1976, 61

47 *6,* 366, 372

48 Vgl. dazu *66*

49 Ein Wiedersehen mit Schimmelpreester wird in Aussicht gestellt wie eine Rückkehr an seinen Ausgangspunkt (vgl. 77). Das Doppelbild der Geschwister im Frankfurter Hof (vgl. 85 f.) schaltet Thomas Mann noch 1951 ein um auf Argentinien vorausweisen zu können. Von der Diebeslaufbahn wird andeutend gesprochen (vgl. 63 f.), Stationen der Weltreise werden skizziert (vgl. 251, 256, 263, 270), noch einmal wird ausführlich auf die Navarro-Zwillinge vorausgedeutet (vgl. 326), der Audienz beim Papst wird gedacht (vgl. 331) und ein Wiedersehen mit Ribeiro steht zu erwarten (vgl. 394).

50 Vgl. *66, 41*

51 Zur Diskussion der Gattungsproblematik bei Thomas Mann vgl, *27; 28; 29; 36; 41; 53; 54; 55; 56; 71; 72*

52 *53,* 3

53 Vgl. Hamann, Richard u. Hermand, Jost: Epochen der deutschen Kultur von 1870 bis zur Gegenwart. Bd. III: Impressionismus. Frankfurt 1997, 14 ff.

54 Vgl. *6,* 322: Thomas Mann selbst hat als Kind vor dem Travemünder Musiktempel auf zwei Stöcken Violine gespielt.

55 Denn, so Nietzsche, die Wagnerianer verlangen nach der Musik »**als nach einem Opiat**«. Dabei macht es gar nichts, dass Thomas

Mann sein Publikum in eine Operette führt; hatte doch Nietzsche Wagner-Stücke für **Operetten-Stoff** (*13*, Bd. VI, 3, 16) erklärt. Deshalb auch heißt Müller-Rosés Theater **»Kirche des Vergnügens«** (28) wie Wagners **Tempelbude** (X, 38) in Bayreuth, in der die Schlechtweggekommenen vom Leben erlöst werden sollen.

56 Vgl. *65*, 125

57 Mann, Thomas: *Bekenntnisse des Hochstaplers Felix Krull*. Buch der Kindheit. Stuttgart (1925?), 36. Vgl. 15, 178

58 Die Goethe-Parallelen nach *23* u. *27*, 55 ff.

59 Zu Märchenzügen im Roman vgl. *30; 65*, 176 ff.

60 Notizblatt 597/597a. Zit. n. *65*, 472

61 Es macht deshalb auch keinen Sinn, nach einem bestimmten Märchenhelden als Vorbild Krulls zu suchen, liegt doch sein Glück darin, nicht einem bestimmten Hans im Glück, irgendeinem der Müllersöhne zu gleichen, sondern ein Ensemble aller Märchenhelden, deren Typus zu sein. Zu diesem Typus vgl. *39*, 103–115

62 Vgl. *65*, 187

63 *39*, 11

64 So identifiziert er das Thema vom **Träumerhans, der die Prinzessin und das ganze Reich gewinnt, vom ›häßlichen jungen Entlein‹, das sich als Schwan entpuppt**, mit dem **vom Dornröschen, um dessen Schlaf die Brünnhilden-Lohe zu Rosenhecken geworden ist und das unter dem weckenden Kusse des Siegfriedhelden lächelt** (XII, 847 f.).

65 Vgl. *65*, 262

66 Vgl. *65*, 182 f.

67 Belege dazu in: *75*

68 Vgl. *9*

69 *9*, 134 f., 137 f.

70 *3*, Bd. I, 353

71 Krull schlägt nicht die Stunde der Götterdämmerung, weil er über die Geschichte des Leidens und die Welt des Machtkampfes elegant hinwegtanzt, denen Siegfried am Ende verfällt und erliegt. Indem Kuckuck – wieder mit Wagners Stabreimen – bestätigt, dass das Sein nicht nur Last, sondern auch Lust bedeutet, dass es in der Form seinen Halt hat, spricht er den Weltuntergangsträumen wie dem germanischen Titanentum Wagners das Urteil – natürlich so, dass auch dieses Gespräch eine Opernsituation nachstellt, nämlich die, in der der Wanderer, der viel erforscht und viel erkannt hat, Krull schildert, was in der Erde Tiefen, auf der Erde rauem Rücken und in wolkigen Höhen sich abspielt.

72 *6*, 333

73 Vgl. dazu *60; 65; 67*

74 Vgl. *14; 65*

75 Wenn Krull in Paragraphen doziert, versteckt er in seiner Eros-Ästhetik eine Parodie auf die philosophische Begründung des bürgerlichen Rechtswesens im 19. Jahrhundert, Hegels Rechtsphilosophie. Sie zeichnet sich dadurch aus, Liebe in juridischer Sprache als Gegenstand von Paragraphen zu behandeln. Den ungeheuren Widerspruch der Liebe, den Krull nicht auflösen will, löst Hegel in der Form der Familie auf, die **Sittlichkeit in Form des Natürlichen** praktiziere, **so daß die Gesinnung ist, das Selbstbewußtsein seiner Individualität *in dieser Einheit* (der Familie) als an und für sich seiender Wesentlichkeit zu haben, um in ihr nicht als eine Person für sich, sondern als *Mitglied* zu sein.** (Hegel, Georg Wilhelm Friedrich: Grundlinien der Philosophie des Rechts, § 158)

76 *7*, 182

77 *13*, Bd. VI, 1, 10

78 *Zahme Xenien*, von Thomas Mann des Öfteren zitiert, z. B. in IX, 323

79 Vgl. zum Ganzen mit ausführlicheren Belegen: *75*

80 Vgl. *46*. Weitere Grimmelshausen-Anspielungen in *65*, 280 f.

81 Vgl. Hernani, III, 1, V. 797–800: dazu *46;* zu Goethe: *23, 59* und Sprecher, Thomas: Felix Krull und Goethe. Thomas Manns *Bekenntnisse* als Parodie auf *Dichtung und Wahrheit*. Bern, Frankfurt 1985

82 **Künstlerisch,** meinte Thomas Mann, sei **nur eine groteske Behandlung** der homosexuellen Sphäre möglich, **wie bei Proust** (6, Bd. II, 379). Deshalb verschiebt er das Homosexuelle ins Heterosexuelle, nicht aber ohne Signale zu setzen, die den wahren Sachverhalt entschlüsseln lassen.

83 Vgl. 22

84 **Hat *Wagner* Dichtung (Literatur) und Musik einander genähert? Er hat die Musik literarisch behandelt. [...] Der absolute (echte) Musiker unliterarisch** (7, 160)

85 Vgl. *71*, 364

86 Vgl. *72*, 366

87 Vgl. *65*, 263

88 Goethe an Humboldt, 17. 3. 1832, vgl. *6*, Bd. II, 267

89 Vgl. *65*, 148 f., 265, 288

90 Auf Goethes Naturphilosophie haben *60* und *67* hingewiesen.

91 Vgl. *67* und *20*

92 Schopenhauer, Arthur: Sämtliche Werke. Hrsg. v. Arthur Hübscher. Wiesbaden 1946 ff., Bd. III, 3

93 Vgl. *67*, 52, 60. Gleichzeitig haben alle Figuren auch eine Hades-Seite: Kuckuck entspricht Pluto, Maria Pia Demeter, Zouzou Kore/Persephone.

94 Vgl. *67*, 60 ff.

95 Vgl. XIII, 131

96 Vorrede zu einer Lesung im Zürcher Schauspielhaus, 24. 9. 1951. In: Blätter der Tho-

mas-Mann-Gesellschaft 5 (1965), 44. Zit. n. *65,* 118

97 *4,* 127 f.

98 *6,* 321

99 *11,* 57

100 Notizblatt 597. Zit. n. *65,* 472

101 Mann, Heinrich: Essays. Hamburg 1960, 407

102 Vgl. Wysling, Hans: Zum Abenteuer-Motiv bei Wedekind, Heinrich und Thomas Mann. In: Matthias, Klaus (Hrsg.): Heinrich Mann 1871/1971. München 1973, 37–68

103 Nietzsche, Friedrich: Werke in drei Bänden. Hrsg. v. Karl Schlechta. München 1954 ff., Bd. III, 626 f.

104 *6,* 306

105 *6,* 322

106 *6,* 297

107 *61,* 204

108 *6,* 364, vgl. 317

109 Zuerst veröffentlicht in *48*

110 Vgl. z. B. Wysling, Hans: Dokumente und Untersuchungen. Beiträge zur Thomas-Mann-Forschung. Bern, München 1974

111 Vgl. *65,* 250 f.

112 *58,* 29

113 Vgl. *34,* 287–301

114 *6,* 333

115 Eine Parodie auf Goethes **Wer nicht von dreitausend Jahren / sich weiß Rechenschaft zu geben, / Bleib im Dunkeln unerfahren, / Mag von Tag zu Tag leben.** (»Sprichwörtlich«, zit. z. B. in IX, 751)

116 *5,* 6

117 Trapp, Frithjof: Artistische Verklärung der Wirklichkeit. Thomas Manns Roman *Königliche Hoheit* vor dem Hintergrund der zeitgenössischen Presserezeption. In: Arntzen, Helmut u. a. (Hrsg.): Literaturwissenschaft und Geschichtsphilosophie. Festschrift für Wilhelm Emrich. Berlin, New York 1975, 454–469

118 *11,* 179 f.

119 Vgl. *65,* 165

120 *11,* 35

121 *6,* 317

122 *6,* 305

123 Vgl. *23*

124 Vgl. *13,* Bd. I, 878

125 Vgl. *44,* 244 ff.

126 *3,* Bd. I, 354

127 Vgl. *37,* 446 f.

128 Goethe zu Eckermann 24. 9. 1827; vgl. *6,* 360 pass.

129 Bloch, Ernst: *Das Prinzip Hoffnung.* München, Basel 1969, 106 f.

130 Schopenhauer, Arthur: Sämtliche Werke. Hrsg. v. Arthur Hübscher. Wiesbaden 1946 ff., Bd. III, 607 ff.

Literaturverzeichnis

Quellen

1. Mann, Thomas: *BEKENNTNISSE DES HOCHSTAPLERS FELIX KRULL.* Frankfurt 1989
2. –: Gesammelte Werke in dreizehn Bänden. Frankfurt 1974
3. –: Briefe. Hrsg. v. Erika Mann, Bd. I-III. Frankfurt 1962–1965
4. Mann, Thomas – Heinrich Mann: Briefwechsel 1900–1949. Hrsg. v. Hans Wysling. Frankfurt [2]1984
5. Hesse, Hermann – Thomas Mann: Briefwechsel. Hrsg. v. Anni Carlsson u. Volker Michels, Frankfurt [2]1975
6. Dichter über ihre Dichtungen: Thomas Mann. Teil I: 1889–1917. Hrsg. v. Hans Wysling unter Mitw. v. Marianne Fischer. München, Frankfurt 1975
7. Mann, Thomas: Zum Literatur-Essay. In: Scherrer, Paul u. Wysling, Hans: Quellenkritische Studien zum Werk Th. Manns. Bern, München 1967, 152–227
8. Freud, Sigmund: Der Dichter und das Phantasieren. In: Freud, Sigmund: Gesammelte Werke. Bd. VII. London 1947, 213–225
9. Jung, Carl Gustav u. Kerény, Karl: Das göttliche Kind in mythologischer und psychologischer Beleuchtung. Amsterdam 1940
10. Manolescu, Georges: Ein Fürst der Diebe. Memoiren. Berlin o. J. (1905)
11. –: Gescheitert. Aus dem Seelenleben eines Verbrechers. Berlin 1905
12. Nietzsche, Friedrich: Werke. Abt. 1–3. Leipzig 1895–1926
13. –: Sämtliche Werke. Hrsg. v. Giorgio Colli und Mazzino Montinari. Berlin, New York 1967 ff.

Sekundärliteratur

14. Anton, Herbert: Die Rettung des Narziß. Eine transzendente Linie im Werk Thomas Manns. In: Bludau, Beatrix u. a. (Hrsg.): Thomas Mann 1875–1975. Vorträge in München–Zürich–Lübeck. Frankfurt 1977, 207–221
15. Berendsohn, Walter A.: Thomas Mann. Künstler und Kämpfer in bewegter Zeit. Lübeck 1965
16. Dieckmann, Friedrich: Felix Krulls Verklärung. Zum zweiten Teil der *BEKENNTNISSE.* In: Sinn und Form 19 (1967), 894–934
17. Dierks, Manfred: Studien zu Mythos und Psychologie bei Thomas Mann. Bern, München 1972
18. Diederichs, Rainer: Strukturen des Schelmischen im modernen deutschen Roman. Zürich 1971
19. Dornheim, Alfredo: Thomas Manns *FELIX KRULL.* Modernität und antiker Geist. In: Dornheim, Alfredo: Vom Sein der Welt. Beiträge zur mythologischen Literaturgeschichte von Goethe bis zur Gegenwart. Mendoza 1958, 303–326
20. Frizen, Werner: Allsympathie. Zum Kuckuck-Gespräch in Thomas Manns *KRULL.* In: LWU 14 (1981), 139–155
21. –: »Dieses armselige Wort«. Zur Erzählkunst von Thomas Manns *FELIX KRULL.* In: Literaturwissenschaftliches Jahrbuch 27 (1986), 157–174

22. –: Die Wunschmaid. Zur Houpflé-Episode in Thomas Manns *Krull*. In: Text und Kontext 9.1 (1981) 56–74
23. Grawe, Christian: Die Sprache in Goethes *Dichtung und Wahrheit*, gesehen durch Thomas Manns *Die Bekenntnisse des Hochstaplers Felix Krull*. In: Grawe, Christian: Sprache im Prosawerk. Bonn 1974, 9–24
24. Haug, Hellmut: Erkenntnisekel. Zum frühen Werk Th. Manns. Tübingen 1969
25. Heftrich, Eckhard: Nietzsches Goethe. Eine Annäherung. In: Nietzsche-Studien 16 (1987), 1–20
26. Heller, Erich: Felix Krull oder die Komödie des Künstlers. In: Wenzel, Georg (Hrsg.): Vollendung und Größe Thomas Manns. Halle 1952, 250–260
26a. Hermsdorf, Klaus: Die Geburt eines Schelmen. Zu Thomas Manns *Krull*-Fragment von 1911. In: WB 11 (1965), 102–117
27. –: Thomas Manns Schelme. Figuren und Strukturen des Komischen. Berlin 1968
28. Jacobs, Jürgen: Der deutsche Schelmenroman. München, Zürich 1983
28a. –: Wilhelm Meister und seine Brüder. Untersuchungen zum deutschen Bildungsroman. München ^{2}1983
29. Jendreiek, Helmut: Thomas Mann. Der demokratische Roman. Düsseldorf 1977
30. Kleine, Don W.: Felix Krull as Fairy Tale Hero. In: Accent 19 (1959), 131–141
31. Koopmann, Helmut (Hrsg.): Thomas Mann. Darmstadt 1975
32. –: Narziß im Exil. Zu Thomas Manns *Felix Krull*. In: Krummacher, Hans-Henrik u. a. (Hrsg.): Zeit der Moderne. Zur deutschen Literatur von der Jahrhundertwende bis zur Gegenwart. Stuttgart 1984, 401–422
33. Koppen, Erwin: Vom Décadent zum Proto-Hitler. Wagner-Bilder Thomas Manns. In: Pütz, Peter (Hrsg.): Thomas Mann und die Tradition. Frankfurt 1971, 201–224
34. Kühner, Karl-Martin: Wer liest den Roman? Zur Interpretation der Leserfigur in Thomas Manns Hochstapler-Roman. In: Lepinoy, Paul u. Thieberger, Richard (Hrsg.): Hommage à Maurice Marache 1916–1970. Nizza 1972, 287–301
35. Lehnert, Herbert: Anmerkungen zur Entstehungsgeschichte von Thomas Manns *Bekenntnisse des Hochstaplers Felix Krull*, *Der Zauberberg* und *Betrachtungen eines Unpolitischen*. In: DVjs 38 (1964), 267–272
36. Mayer, Hans: Felix Krull und Oskar Matzerath. In: Arnold, Heinz Ludwig u. Buck, Theo (Hrsg.): Positionen des Erzählers. München 1976, 48–67
37. –: Thomas Mann. Frankfurt 1980
38. Mendelssohn, Peter de: Der Zauberer. Das Leben des deutschen Schriftstellers Thomas Mann. Erster Teil. Frankfurt 1975
39. Lüthi, Max: Es war einmal: Vom Wesen des Volksmärchens. Göttingen 1962
40. Nelson, Donald F.: Portrait of the Artist as Hermes. A Study of Myth and Psychology in Thomas Mann's *Felix Krull*. Chapel Hill 1971
41. Nerlich, Michael: Kunst, Politik und Schelmerei. Die Rückkehr des Künstlers und des Intellektuellen in die Gesellschaft des 20. Jahrhunderts. Frankfurt, Bonn 1969
42. Northcote-Bade, James: *Der Tod in Venedig* and *Felix Krull*. The

Effect of the Interruption in the Composition of Thomas Mann's *Felix Krull* Caused by *Der Tod in Venedig*. In: DVjs 52 (1978), 271–278
43. Pütz, Heinz Peter: Kunst und Künstlerexistenz bei Nietzsche und Thomas Mann. Bonn 1963
44. Pütz, Peter: Thomas Mann und Nietzsche. In: Pütz, Peter (Hrsg.): Thomas Mann und die Tradition. Frankfurt 1971, 225–249
45. Renner, Rolf: Lebens-Werk. Zum inneren Zusammenhang der Texte von Thomas Mann. München 1985
46. Riley, Anthony: Three Cryptic Quotations in Thomas Mann's *Felix Krull*. In: JEGP 65 (1966), 99–106
47. Scharfschwerdt, Jürgen: Thomas Mann und der deutsche Bildungsroman. Stuttgart, Berlin, Köln, Mainz 1967
48. Scherrer, Paul: Vornehmheit, Illusion und Wirklichkeit. Belege zu drei Grundmotiven des *Felix Krull* aus den Materialien des Zürcher Thomas-Mann-Archivs. In: Blätter der Thomas-Mann-Gesellschaft 1 (1958), 2–9
49. Sebastian, Thomas: Felix Krull. Pikareske Parodie des Bildungsromans. In: Hoffmeister, Gerhart (Hrsg.): Der moderne deutsche Schelmenroman. Amsterdam 1985/86, 133–144
50. Schiffer, Eva: Changes in an Episode. A Note on *Felix Krull*. In: MLQ 24 (1963), 257–262
51. –: Manolescu's Memoirs. The Beginning of *Felix Krull?* In: Monatshefte 52 (1960), 283–293
52. –: Zwischen den Zeilen. Manuskriptänderungen bei Thomas Mann. Transkriptionen und Deutungsversuche. Berlin 1982
53. Schneider, Karl Ludwig: Der Künstler als Schelm. Zum Verhältnis von Bildungsroman und Schelmenroman in Thomas Manns *Felix Krull*. In: Philobiblon 20 (1976), 2–18
54. Schumann, Willy: Wiederkehr der Schelme. In: PMLA 81 (1966), 467–474
55. Seidlin, Oskar: Pikareske Züge im Werke Thomas Manns. In: Seidlin, Oskar: Von Goethe zu Thomas Mann. Göttingen 1963, 162–184, 242–245
56. Seifert, Walter: Die pikarische Tradition im deutschen Roman der Gegenwart. In: Durzak, Manfred (Hrsg.): Die deutsche Literatur der Gegenwart. Aspekte und Tendenzen. Stuttgart 1971, 192–210
57. Selbmann, Rolf: Der deutsche Bildungsroman. Stuttgart 1984
58. Stanzel, Franz K.: Typische Formen des Romans. Göttingen [8]1976
59. Vaget, Hans-Rudolf: Goethe oder Wagner? Studien zu Thomas Manns Goethe-Rezeption. In: Vaget, H.-R. u. Barnouw, Dagmar: Thomas Mann. Studien zu Fragen der Rezeption. Bern, Frankfurt 1975, 3–63
60. Weiß, Walter: Thomas Manns Kunst der sprachlichen und thematischen Integration. Düsseldorf 1964
61. Wiese, Benno von: Die *Bekenntnisse des Hochstaplers Felix Krull* als utopischer Roman. In: Bludau, Beatrix u. a. (Hrsg.): Thomas Mann 1875–1975. Vorträge in München – Zürich – Lübeck. Frankfurt 1977, 189–206
62. Wilson, Eric: F. Krull. Thomas Mann's Comic Artist. Diss. Stanford 1966
63. Wysling, Hans: Archivalisches Gewühle. Zur Entstehungsgeschichte

der *Bekenntnisse des Hochstaplers Felix Krull*. In: Blätter der Thomas-Mann-Gesellschaft 5 (1965), 25–43
64. Wysling, Hans (Hrsg.) unter Mitarb. v. Yvonne Schmidlin: Bild und Text bei Thomas Mann. Eine Dokumentation. Bern, München 1975
65. Wysling, Hans: Narzissmus und illusionäre Existenzform. Zu den Bekenntnissen des Hochstaplers Felix Krull. Bern, München 1982
66. –: Thomas Manns Pläne zur Fortsetzung des *Krull*. In: Almanach des S. Fischer Verlages. Frankfurt 1967, 21–45
67. –: Wer ist Professor Kuckuck? In: Wysling, Hans: Thomas Mann heute. Bern, München 1976, 44–63

Didaktische Literatur

68. Bräutigam, Kurt: Romanbetrachtung. Zu ihrer Didaktik und Methodik. Heidelberg 1971
69. Frizen, Werner: Zwei Schelme im Unterricht. Zu *Felix Krull* und *Die Blechtrommel*. In: Mitteilungen des Deutschen Germanistenverbandes 30 (1983), 1–20
70. Klinge, Reinhold: Mensch und Gesellschaft im Spiegel neuerer Romane: In: DU 23 (1971), 1, 86–102
71. Poser, Hans: Thomas Mann: *Bekenntnisse des Hochstaplers Felix Krull*. In: Lehmann, Jakob (Hrsg.): Deutsche Romane von Grimmelshausen bis Walser. Bd. II. Königstein1982, 357–376
72. Stein, Guido: Thomas Mann. *Bekenntnisse des Hochstaplers Felix Krull*. Künstler und Komödiant. Paderborn, München, Wien, Zürich 1984

Neuere Quelleneditionen und Sekundärliteratur

73. Anton, Herbert: »Hermeneutisches Doppelgängertum« in den *Bekenntnissen des Hochstaplers Felix Krull*. In: Hansen, Volkmar (Hrsg.): Thomas Mann. Romane und Erzählungen. Stuttgart 1993, 325–348
74. Dotzler, Bernhard J.: Der Hochstapler. Thomas Mann und die Simulacren der Literatur. München 1991
75. Frizen, Werner: Die *Bekenntnisse des Hochstaplers Felix Krull:* Thomas Manns letztes Wort zu Wagner. In: Jahrbuch der deutschen Schillergesellschaft 32 (1988), 291–313
76. –: Thomas Manns Sprache. In: Thomas-Mann-Handbuch, Hrsg. v. Helmut Koopmann. Stuttgart 1990, 854–873
77. Härle, Gerhard: Simulationen der Wahrheit, Körpersprache und sexuelle Identität im *Zauberberg* und *Felix Krull*. In: Forum Homosexualität und Literatur 14 (1992), 63–86
78. Harpprecht, Klaus: Thomas Mann. Eine Biographie. Reinbek 1995
79. Jacobs, Jürgen: Der Liftboy als Psychopompos? Zur Deutung von Thomas Manns *Felix Krull*. In: Euphorion 88 (1994), 236–242
80. Koopmann, Helmut: *Bekenntnisse des Hochstaplers Felix Krull*. In: Thomas-Mann-Handbuch. Hrsg. v. Helmut Koopmann. Stuttgart [2]1995, 516–533
81. Kurzke, Hermann: Thomas Mann. Epoche – Werk – Wirkung. München 1985
82. Maar, Michael: Geister und Kunst. Neuigkeiten aus dem Zauberberg. München, Wien 1995

83. Mann, Thomas: Notizbücher 7–14. Hrsg. v. Hans Wysling und Yvonne Schmidlin. Frankfurt 1992
84. –: Tagebücher 1949–1950. Hrsg. v. Inge Jens. Frankfurt 1991
85. –: Tagebücher 1951–1952. Hrsg. v. Inge Jens. Frankfurt 1993
86. Northcote-Bade, James: »Noch einmal also dies«. Zur Bedeutung von Thomas Manns »letzter Liebe« im Spätwerk. In: Thomas-Mann-Jahrbuch 3 (1990), 139–148
87. Rieckmann, Jens: »In deinem Atem bildet sich mein Wort«. Thomas Mann, Franz Westermeier und *Die Bekenntnisse des Hochstaplers Felix Krull*. In: Thomas-Mann-Jahrbuch 10 (1997), 149–165
88. Rosenmeyer, Thomas G.: Das Kuckuckskapitel. In: DVjs 62 (1988), 540–548
89. Sprecher, Thomas: Felix Krull und Goethe. Thomas Manns *Bekenntnisse* als Parodie auf *Dichtung und Wahrheit*. Bern, Frankfurt 1985
90. Wimmer, Ruprecht: Der Herr Facis et (non) Dicis. Thomas Manns Übernahmen aus Grimmelshausen. In: Thomas-Mann-Jahrbuch 3 (1990), 14–49

Zeittafel zu Leben und Werk

1875 Geboren am 6. Juni in Lübeck als zweiter Sohn des Kaufmanns und Senators Thomas Johann Heinrich Mann und seiner Frau Julia, geb. da Silva-Bruhns
1882–1889 Privatschulunterricht
1889–1894 Lübecker Realgymnasium
1891 Tod des Vaters. Liquidierung der väterlichen Firma
1894 Abgang vom Realgymnasium als Einjährig-Freiwilliger
1894 Übersiedlung nach München. Volontär bei der »Süddeutschen Feuerversicherungsbank«
1894/1895 Gasthörer an der TH München. Mitarbeit an Heinrich Manns Zeitschrift ***Das Zwanzigste Jahrhundert***
1896–1898 Italienaufenthalt
1898–1900 Redakteur des ***Simplicissimus***
1900 Militärdienst
1905 Heirat mit Katia Pringsheim
1906 Erste Notizen zum *Krull*
1909 Vorarbeiten zu einem Literaturessay. Weitere Notizen zum *Krull*
1910 Selbstmord der Schwester Carla
1910/1911 Der *Hochstapler*-Roman bis zum Ende des ersten Buches fortgeschritten
1911 Venedig. Arbeit am *Tod in Venedig*
1912/1913 Fortsetzung des *Krull* bis zur Rosza-Episode
1914 Wachsende Entfremdung zwischen Heinrich und Thomas Mann. Bau und Bezug des Hauses Poschingerstraße 1 in München; dort bis 1933
1919 Ehrendoktor der Universität Bonn
1922 Aussöhnung mit Heinrich Mann. Bekenntnis zur Weimarer Republik
1923 Tod der Mutter
1927 Freitod der Schwester Julia
1929 Nobelpreis für Literatur
1930 Reise nach Ägypten, dem Hauptschauplatz des Joseph-Romans
1933 Hitlers Machtübernahme. Emigration, zuerst Sanary-sur-Mer, dann Küsnacht bei Zürich
1936 Aberkennung der Ehrendoktorwürde durch die Philosophische Fakultät der Universität Bonn. Aberkennung der deutschen Staatsbürgerschaft. Annahme der tschechischen Staatsbürgerschaft
1938 Niederlassung in den USA, Gastprofessur in Princeton
1940 Monatliche Radiosendungen »Deutsche Hörer« bis 1945
1941 Übersiedlung nach Kalifornien, Pacific Palisades, dem Wohnsitz bis zur Rückkehr nach Europa 1952
1944 Amerikanischer Staatsbürger
1947 Europareise
1949 Erster Besuch Deutschlands anlässlich des Goethe-Jahres. Vorträge zum Goethe-Jahr, gehalten in Frankfurt/Main und Weimar
1950 Tod des Bruders Heinrich
1951 Wiederaufnahme der Arbeit am *Krull*
1952 Übersiedlung in die Schweiz
1953 Weiterarbeit am *Krull*
1955 Am 12. August in Zürich gestorben

Romane und Novellen

1894 *Gefallen.* Novelle
1898 *Der kleine Herr Friedemann.* Novellen
1901 *Buddenbrooks* (Beginn der Arbeit 1897)
1903 *Tristan.* Novellen (darin u. a. *Tonio Kröger*)
1909 *Königliche Hoheit*
1912 *Tod in Venedig*
1919 *Herr und Hund. Gesang vom Kindchen.* Zwei Idyllen
1922 *Bekenntnisse des Hochstaplers Felix Krull. Buch der Kindheit*
1924 *Der Zauberberg* (Beginn der Arbeit 1913)
1926 *Unordnung und frühes Leid*
1930 *Mario und der Zauberer*
1933 *Die Geschichten Jaakobs.* 1. Teil des Joseph-Romans (Beginn der Arbeit 1925)
1934 *Der junge Joseph.* 2. Teil des Joseph-Romans
1936 *Joseph in Ägypten.* 3. Teil des Joseph-Romans
1939 *Lotte in Weimar*
1943 *Joseph der Ernährer.* 4. und letzter Teil des Joseph-Romans
1944 *Das Gesetz*
1947 *Doktor Faustus*
1951 *Der Erwählte*
1953 *Die Betrogene*
1954 *Bekenntnisse des Hochstaplers Felix Krull. Der Memoiren erster Teil* (Beginn der Niederschrift 1909/10)

Drama

1905 *Fiorenza*

Essays und Abhandlungen (Auswahl)

1914 *Gedanken im Kriege. Friedrich und die grosse Koalition*
1918 *Betrachtungen eines Unpolitischen*
1922 *Von deutscher Republik.* Rede
1935 *Leiden und Grösse der Meister.* Essays
1945 *Deutschland und die Deutschen.* Rede
1949 *Die Entstehung des »Doktor Faustus«*
1955 *Versuch über Schiller*